A ARTE
DE CONVERSAR

Índice

Prefácio VII

Do espírito da conversação 1
Conversações sobre diversos assuntos 37
Reflexões sobre a elegância e a polidez do estilo 55
Ensaios sobre diferentes assuntos de literatura e de moral 65
Considerações sobre os costumes deste século 89
Da Alemanha 107
Da conversação 123

PREFÁCIO

Variações para conversas entre espécies de salão

Alcir Pécora

Les animaux ne cherchent que les animaux de leur espèce, et ne suivent pas les plus parfaits.*

A. Gombeau, *Discours de la conversation*

Após a publicação, nesta mesma coleção, de *O cortesão*, de Baldassare Castiglione, e *Galateo ou Dos costumes*, de Giovanni Della Casa, obras fundamentais do século XVI, que balizaram toda a produção posterior dos tratados de racionalidade de corte nos Estados modernos, pareceu adequado publicar-se algo da variante francesa do gênero, que alcança proeminência européia ao longo dos séculos XVII e XVIII. Para isso, havia à mão inicialmente os resultados de uma extensa e valiosa pesquisa de Jacqueline Hellegouarc'h[1], que estabeleceu os textos de muitos tratadistas da conversação, alguns inéditos, outros esquecidos, a maioria mal editada.

De acordo com a pesquisadora, se há um princípio geral nos tratados é o de que a arte da conversação se forma menos dos livros que da "boa companhia", isto é, por experiência e "impregnação", enquanto técnica de adquirir o ofício "que não se deve fazer sentir". Suposto

....
* Os animais procuram só os animais de sua espécie, e não seguem os mais perfeitos.
1. Publicada na coleção Classiques Garnier: Paris, Dunod, 1997.

VII

assim que a melhor formação faz-se pela exposição à prática, os vários tratados buscam justamente simular a conversação para introduzir a prática. Ou seja, mais do que preceitos, fornecem modelos nos quais as provas operam por exemplos, em oposição ao "dogmatismo abstrato", ou preceptístico, detestado pelo espírito de salão.

As conversações em questão, enquanto prática oral, desenvolviam-se durante os almoços, estendendo-se muitas vezes por toda a tarde. Hellegouarc'h pensa-as como "cenário" fundamental da iniciação na vida parisiense, muito mais do que a que se pudesse dar na Corte, que certamente deve ser considerada, sobretudo sob Luís XIV, tanto como centro do poder político, quanto como lugar de divertimento. Mas o cenário que conta aqui é principalmente o dos *hôtels*, vale dizer, as mansões do Marais e da Île Saint-Louis reservadas para a vida privada: neles se ajunta a gente da corte e das letras, sem que nenhum poder que haja ali, e efetivamente há, tenha estatuto jurídico. A lei é apenas a da conversação, cuja natureza é privada, mas cujas conveniências são altamente formalizadas. Este é também o cenário das várias Frondas do século XVII, que tomam a forma de "conspiração de conversadores brilhantes", como descreve Marc Fumarolli, e debatem idéias nada respeitosas para com a monarquia, uma vez que proporcionadas por gente que, em geral, julgava-se mais antiga e com mais direitos naturais que ela, embora não ousasse postular para si, como fizera o rei, parentesco divino.

No salão dos *hôtels* parisienses, conversar revela-se um "ofício", como o diz Hellegouarc'h, que faz o indivíduo tornar-se interessante e informado, sem ser pesadamente erudito, e cultivar cuidadosamente a aparência de

_____*Prefácio*_____

"natural", obtida menos à custa dos conteúdos das conversas, do que do perfeito domínio da voz, da pronúncia, da expressão, do gesto, do porte[2], enfim, de tudo o que compõe a *actio* retórica. Um ofício, em todo caso, que "é apenas um componente do *savoir-vivre* e do *savoir-plaire*". Para a autora, ainda, são aspectos comuns a todos os tratados a caracterização de um "duplo papel criador" nas conversações: o de enriquecimento das idéias pelas réplicas e o de estímulo do espírito pelo "calor da conversação".

A publicação desse material extraordinário, contudo, não deixou de trazer consigo o inconveniente de ser editado como uma seleção de trechos considerados mais relevantes pela pesquisadora. Sem deixar de reconhecer a grandeza da pesquisa e mesmo a relevância dos critérios da seleção, a verdade é que parecia decepcionante não ter à vista os textos, senão integrais, em partes mais contínuas. Diante disso, a não ser por uma exceção, a de Antoine Gombeau, verteram-se para o português apenas os capítulos nos quais não havia interrupção; no caso de tratados mais conhecidos, como os de Madame de Staël e do Abade Morellet, foram utilizadas outras fontes para possibilitar que se completasse o que não foi editado pela Garnier.

O conjunto desses textos compõe, pois, uma amostra significativa da tratadística francesa da conversação nos reinados de Luís XIV (1661-1715), Luís XV (1723-1774) e no período pós-revolucionário, o que, de imediato, postula a questão da "continuidade", com maior ou menor variação, do gênero do "tratado da conversação", que, por sua vez, permite avaliar melhor a forma oral que "ocupou o centro das letras nos dois últimos séculos do

....
2. *Idem*, p. XXXIII.

_____Prefácio_____

Antigo Regime francês"³. Esta é a outra questão importante a ser referida aqui: a de que tais textos são parte de um gênero escrito e, digamos, "reflexivo" (para evitar o título mal visto por eles de preceptiva), a propósito de um outro exclusivamente oral e prático. Os heróis de um ou outro gênero não são necessariamente os mesmos, pois não se exige de um grande conversador que escreva um tratado a respeito do que pratica ou conhece em ato, mas o contrário certamente não é verdadeiro, pois a autoridade moral do tratadista, a sua credibilidade para enunciar seu modelo de conversação guarda relação com o reconhecimento por seus pares de seu desempenho nos salões. Tendo tais questões em mente, convém objetivá-las numa breve apresentação dos textos.

Em seu *De la conversation* (1677), Antoine Gombaud, senhor de Méré (1607-1684), define a conversação como um diálogo de qualquer tipo entre pessoas que se encontram, casualmente ou não, com o propósito principal de diversão. Tal definição a opõe não apenas ao conselho de Estado ou à reunião de negócios, que não têm o prazer como finalidade, mas ao conjunto da Corte, cerimoniosa demais e freqüentada por gente necessária talvez à política ou ao alto comércio, mas nem sempre à boa companhia; também a opõe ao discurso acadêmico ou escolástico, cujo entendimento não é fácil, nem a elocução suficientemente variada. Própria da conversação era o que Gombaud chamava de "nobreza natural", que, para ser bem entendida, deve tomar-se como oposta às noções de "estudo" ou de "erudição", correlatas à eloqüência livresca, que dá um tom pedante ou escolar ao discurso. A na-

....
3. *Préface*, de Marc Fumaroli. In: *L'Art de la conversation*, op. cit., p. I.

turalidade, ou ainda, a "simplicidade", aproxima-se, por outro lado, da idéia aristocrática de "desenvoltura", cuja matriz mais ilustre, no século anterior, é a *sprezzatura*, isto é, a facilidade da execução ou o domínio sem esforço das artes mais agradáveis, defendida como a principal qualidade do cortesão perfeito imaginado por Castiglione. Tal desenvoltura ou desembaraço constitui-se como a determinação do "espírito", que Gombeau vai identificar como a "obra-prima da inteligência", capaz, em diferentes ocasiões, assuntos e interlocutores, de encontrar a conformidade que agrada e conquista. O "espírito" supõe portanto um agudo "senso de conveniência", que encontra na rapidez e variedade das situações o pronto ajuste do discurso ao efeito agradável.

Madame de Scudéry (1607-1701), nas séries de *Conversations*, recopiladas nos anos oitenta, postula igualmente o prazer e a utilidade da conversação, pois, em variação horaciana, observa que, ao distrair, ela fortalece o trato social entre os homens. A melhor conversa para ela não admite prescrições rígidas, mas um desenvolvimento livre e variado, dirigido pelo "espírito de polidez", que entende, da mesma forma, como um sentido de conveniência ou decoro que ajusta o discurso à ocasião, aos lugares e às pessoas, mas que, em seus graus mais elevados, é capaz inclusive de produzir desvios da direção usual das conversas (*art de détourner*), obtendo a surpresa e o encanto da companhia.

Morvan de Bellegarde (1648-1734), outro importante tratadista do período de Luís XIV, deixa registrado em seu *Réflexions sur l'élégance et la politesse du style* (1695) que a melhor elocução supõe o emprego da imaginação e da vivacidade na produção de um discurso sintético que, ao mesmo tempo, "exprime prontamente" e "deixa a adivinhar". Também aqui exige-se a arte da naturalidade ou facilidade no dizer que se opõe ao "excesso" de estudos, embora jamais à imitação de bons modelos, partilhados sobretudo na experiência de conversação com gente polida.

Com o *De la conversation* (1735), do abade Nicolas Trublet (1697-1770), a antologia inicia o debate da conversação no reinado de Luís XV, um período em que Versailles já não exerce a mesma concorrência acirrada com os salões parisienses, como no reinado anterior. Do ponto de vista da definição da conversação, conquanto os seus termos permaneçam bastante próximos, ocorre uma alteração notável na sua dominante semântica. Pois, embora se afirme ainda a conversação como fonte de prazer, tornam-se proporcionalmente maiores, a seu lado, os argumentos que defendem a sua utilidade. O seu primeiro interesse passa a ser, agora, a "comunicação" das idéias e sentimentos dos interlocutores, o que significa afirmá-la igualmente como fonte de conhecimento e informação. Tal comunicação deve contar com a inteligência do ouvinte, que adivinha o que a imperfeição da língua não transmite precisamente, e dá-se ainda no âmbito de um encontro agradável, análogo aos prazeres da mesa e do teatro, e distinto da conversa de negócios. Isso significa, por exemplo, que, do ponto de vista de sua disposição retórica, a conversação de modelo parisiense usualmente toma forma "sucessiva", com assuntos diversos, ao sabor do acaso, mais do que "contínua", concentrada num único assunto. É também, por isso, mais inclinada à forma narrativa, ao "contar" (novidades, fatos, histórias), do que à forma polêmica, ao "argumentar", considerada pelo abade como mais própria ao debate político. De outra maneira, pesando um pouco as distinções, poder-se-ia dizer que cresce o interesse da conversa delicadamente pitoresca em face da agudeza das réplicas, que fazia as delícias maldosas da geração anterior de salonistas.

Em Trublet, além de crescer a justificativa da utilidade proporcionalmente à do prazer, também se verifica uma segunda alteração decisiva em relação aos tratadistas anteriores, pois tornam-se bem distintas e independentes as noções de "polidez" e de "espírito", até então mutuamente implicadas. Para a arte de conversar, propõe, a principal regra é a da polidez, tanto a "natural" (comum a todas as nações) quanto a dos "costumes" (particulares de cada nação), que, em geral, supõe a conformidade aos interlocutores e pode ser adquirida pelo estudo e pela experiência. Ao contrário da polidez, o espírito é inato, e tem dificuldade em conformar-se, pois busca naturalmente brilhar, domina a fala e, por vaidade, atua de modo imprudente, suscitando a inveja e o ódio dos demais. A conversação polida sabe conter-se e escutar, tornando-se mais própria ou eficiente para agradar e adquirir amor.

Charles Duclos (1704-1772) escreve as suas *Considérations sur les moeurs de ce siècle* (1751) de uma perspectiva dominante a partir daí, na qual a conversação é tomada menos como gênero discursivo autônomo do que como manifestação de um "caráter" francês, particularmente afeito à sociabilidade, com as vantagens e excessos decorrentes dele. A partir desse pressuposto, Duclos critica a conversação como um tipo de prazer privado que muito facilmente dá mais valor à opinião do grupo que ao bem do Estado, deixando-se dominar pela calúnia ou mesmo pela tirania do "bom-tom", que oscila entre as zombarias maldosas e as ninharias agradáveis, sempre com perda do sentido de bem público. Nota-se, pois, que o afastamento dos negócios, que era o principal trunfo exibido pelos tratadistas seiscentistas para explicar o sucesso da conversação, é agora visto como causa de sua irrelevância. Ademais, Duclos propõe que a supervalorização da "opinião" leva ao estabelecimento de um trato uniforme e aborrecido, semelhante a um "estado letárgico", em que as "singularidades" são mais afetadas que próprias, pois, desde que buscadas com demasiado esforço, geram excesso e falsidade de caráter.

Já do período imediatamente pós-revolucionário é o *De l'esprit de la conversation* (1810), de Madame de Staël (1766-1817). Algumas das tensões do texto de Duclos surgem agora com a nitidez de um esquema programático de contradições. O gosto e o espírito da conversação, entendidos como expressão primeira do caráter francês, isto é, como reflexos de movimentos da alma nacional, independentemente da classe social dos interlocutores, são oposto diretamente ao "espírito alemão", de cuja contraposição Madame de Staël julga poder encontrar a energia ou grandeza perdidas no primeiro. Na conversa à francesa, diz ela, o que conta é a diversão e o desejo de agradar, o que faz com que seja leve, bem-humorada e dependente da "opinião". Já o espírito alemão busca resultados sérios, e a conversação se mantém ligada às "ocupações". As fórmulas de polidez, diferentemente do que ocorre no salão parisiense, têm um papel importante, pois os alemães são suscetíveis e a familiaridade poderia ser-lhes ofensiva. Assim, em vez de "leveza", mostram "inflexibilidade moral"; em vez de bom humor, "grandeza do caráter".

A explicação que Madame de Staël fornece para diferenças como essas, que inventa e sumaria, referem sistematicamente a incerteza do lugar de classe na França, que certamente devia constituir-se numa tópica muito convincente no período revolucionário: tal incerteza, propõe, favoreceria a adoção e prática de um discurso vago, que, por isso mesmo, serve de medida universal para o conjunto da sociedade, o que significa também que estabelece a "necessidade social" de que todos pensem e falem de maneira semelhante. Já na Alemanha e Inglaterra, onde reconhece, em contraposição, a existência de instituições estáveis, pretende que a "originalidade" discursiva, segundo os diferentes temperamentos, é, mais do que permitida, valorizada. Neste ponto, está claro, o salão postula maior gravidade e menos convencionalidade para as suas conversas, o que está de acordo com as recentes invenções românticas da turbulência de almas profundas e originais, ao mesmo tempo que não deixa de manifestar certa nostalgia pela hierarquia *ancien régime*.

Imediatamente posterior (ou anterior, como se queira, uma vez que a edição do *De l'Alemagne* que realmente circula por Paris é a de 1814) é o *De la conversation* (1812), do abade André Morellet (1727-1819). Os termos anteriormente introduzidos por Trublet, como o ensino e a utilidade das conversas entendidas sobretudo como fonte de conhecimento, são enunciados de modo bem menos condicional, a ponto de adquirir características pedagógicas. A conversação significa principalmente a possibilidade de comunicação e o desenvolvimento de idéias adquiridas, bem como o poder de influenciar a opinião. Ademais, o abade ressalta o ponto de catálise da inteligência propiciado pelo calor da discussão e o aperfeiçoamento moral da sociedade por meio do debate de idéias. Em última instância, a conversa justifica-se como princípio civilizador, na medida em que as paixões postas em jogo deixam-se moderar pelas ações reguladoras dos vários discursos em colaboração.

A hipótese de Fumarolli

Para o principal estudioso contemporâneo dos salões parisienses dos séculos XVII e XVIII, Marc Fumarolli, a conversação constitui uma "obra-prima da arte política, realizada nos círculos privados", que se dá, na França, ao fim de uma longa tradição, iniciada com o diálogo platônico, no qual ela identifica um método para reunir os candidatos a filósofo, "colocá-los à prova", desenganá-los da opinião comum e dos afetos do poder[4]. Seu lugar por excelência é o *locus amoenus*, próprio para a conversa que busca um prazer contemplativo e estudioso, lugar à parte da vida pública, da ação do cidadão ocupado e ambicioso[5]. Com Aristóteles, essas reuniões de prazer, amizade e contemplação assinalam a perfeição "realizada prematuramente" entre as almas fortes, e uma espécie de sabedoria do repouso em face dos desvios da história[6]. Cícero pensa a conversação (*sermo*) como instituição do direito natural, de esfera privada e de elocução espontânea e artística, como numa reunião entre amigos; é apolítica e dá-se melhor no estado de

4. *Idem*, p. IV.
5. *Idem*, p. V.
6. *Idem*, p. VI.

ócio favorável à filosofia da verdade e à confiança afetiva (*otium*), em oposição à tribulação da vida ocupada (*negotium*), cuja eloqüência deve ser um misto de direito civil e público, e, portanto, lugar do exercício do Estado e da lei[7]. Na conversação ciceroniana supõe-se, pois, a harmonia (*convenientia*) e a simpatia (*consensus*) que atendem ao justo termo entre a "misantropia solitária" e a "promiscuidade mundana"[8]. Santo Agostinho, por sua vez, pensa o *sermo convivialis* praticado ao fim do dia, por um lado, em oposição à *disputatio* especializada, e, por outro, como participação contemplativa do espírito na unidade divina[9]. Na mesma direção, S. Bento equivale *conversatio* e *conversio*, fazendo da regra de vida comum uma "ruptura radical com a vida desregrada do mundo"[10]. A partir do século XV, entre os humanistas das cortes mais influentes da península Itálica, a conversação é sobretudo entendida como diálogo entre leitores (*otium studiosum*), que privam de amizade e benevolência (*convivium*), sem interesses políticos[11]. Nessa perspectiva, Erasmo vai falar da alegria de ler os bons autores e compreendê-los em companhia de outros, e Montaigne da conversação como caso particular do diálogo, que substitui com vantagem e sem pedantismo a disputa escolástica.

Ao chegar a este ponto, Fumaroli propõe talvez sua principal hipótese sobre o gênero, assentada sobre a interpretação que faz do *Galateo*, de Giovanni Della Casa, no qual supõe haver uma completa separação da *inven-*

....
7. *Idem*, p. VII.
8. *Idem*, p. X.
9. *Idem*, p. XI.
10. *Idem*, p. XII.
11. *Idem*, p. XIV.

ção retórica (*grosso modo*, o repertório de temas das conversas) em relação a sua *elocução* e *ação* (isto é, respectivamente, as regras de aplicação das figuras de ornato ao discurso e as práticas de voz e gestos que o efetuam). A conversação agora reúne homens do mundo, amáveis e desejosos de agradar, em oposição aos convidados do banquete filosófico. O critério da boa conversa não é o da busca da verdade, mas o do respeito às convenções formais e sociais no diálogo, vale dizer, o domínio das maneiras civis, que têm a tarefa de moderar o amor-próprio e as paixões, dando a cada um seu lugar num todo agradável[12]. Neste ponto, julga o autor, a arte de conversar está definitivamente submetida à civilidade, à harmonia aparente das gentes e vozes, de modo que as distinções, de sexo e de condição, estão obrigadas ao uso do mesmo código de boas maneiras e mesmas convenções do diálogo.

Tanto a admirável construção da tradição do gênero da conversação, por Fumarolli, quanto a determinação da centralidade do *Galateo* para a formulação moderna dele parecem irretocáveis. Não é o caso, a meu ver, de sua hipótese retórica de separação entre a invenção e a elocução/ação. Ou melhor, a hipótese parece-me muito justa se pensada em relação aos tratados franceses, nos quais, como se poderá ler na antologia, há exigência estrita do discurso "espirituoso" ou "polido" vigente nos salões, conforme o período em que sejam considerados. No *Galateo*, a exigência não pode ser pensada nestes mesmos termos, pois o que predomina é a idéia de que não há "bem" na conversação que se possa supor imune aos

---
12. *Idem*, p. XXII.

usos nos quais ela é estabelecida. Ou, de outra maneira, com Della Casa, o que se determina com uma clareza inédita é a não-distinção entre *ética* (que qualifica o bom, o moral e o justo) e *costume* (*éthos*), pois não se é justo no juízo do bem, se não se leva em conta o *caso* (a *ocasião* e as circunstâncias variadas) em que se manifesta o seu conhecimento. Assim, para Della Casa, não é que se possa dizer qualquer coisa em certo estilo elocutivo exigido pela boa companhia, mas que nenhum assunto pode ser bem efetuado de maneira imune a ele. De outra maneira ainda, o que Della Casa tem em vista com a sua aproximação ostensiva e neo-aristotélica de ética e costume é a exigência de que o repertório dos assuntos e argumentos (*inventio*) ganhe a flexibilidade de aplicação suposta em situações com muita variedade convencional, isto é, em companhias estabelecidas sobre usos muito diversos. Evidentemente, Della Casa pretendia tornar mais eficaz a persuasão do assunto pelo seu ajuste ao caso, pensado sobretudo em termos de costumes regionais: acima de tudo, importava-lhe propor a pertinência de uma tópica de "ambiente/uso", que podia variar enormemente na prática, para a obtenção de sucesso de um discurso a propósito deste ou daquele tema. Isto, a meu ver, não separa a *invenção* da *ação*, mas trata de submeter a primeira ao crivo da segunda, levantando daquela apenas o repertório de lugares-comuns que esta admite. Della Casa, se se quiser, tinha como modelo dessa tópica a situação das cortes da península Itálica no Renascimento, com enormes diferenças entre si, e a sua questão era saber como municiar o seu discurso com regras suficientemente ajustadas para dar conta dessas diferenças.

Até onde vejo, a situação dos tratadistas das conversas de salão parisiense era bem outra. Eles não tinham a tópica do "ambiente" diverso a regrar a eficácia, mas, ao contrário, a idéia de um uso único, de uma medida absoluta capaz de qualificar e fornecer a medida de todo gentil-homem (*honnête homme*). O salão francês, e não o *Galateo*, como se lerá a seguir, postulou a sua própria constituição convencional, como critério radical de qualificação do mérito intelectual e social. Aqui, penso, não há adaptação da *invenção retórica* aos diferentes usos, mas determinação de um uso principal sobre toda invenção. Com isso, sim, seria possível dizer que a tópica de "ambiente", que, no *Galateo*, tem uma configuração fortemente diplomática, de suposição de ajuste à variação de costume, na tratadística francesa, admitidas as diversas variantes internas enunciadas, reduz o mundo-que-importa à gente de sociedade (*les personnes du monde*) que se molda à roda da conversa de salão.

Do espírito da conversação
Antoine Gombaud

Antoine Gombaud, chevalier de Méré (1607-1684)

Filho de um gentil-homem da corte dos Guise, estuda com os jesuítas. Desde o tempo das Frondas contra Mazzarino e, mesmo depois, quando Luís XIV assume o trono, freqüenta os principais salões de Paris, como os das Senhoras de Rambouillet, Sevigné, La Fayette, da marquesa de Sablé, da condessa de Maure. Ligou-se à Senhora de Lesdiguières e, após a morte dela, à Marechala de Clérambault. Foi jogador e homem da moda. *De la conversation* é de 1677.

Discurso sobre a conversação

Para a senhora de ***

Seria para mim um grande prazer, senhora, se vos pudesse desenfadar, pouco que fosse. Vós me assegurais que o consigo algumas vezes; vós que não sois nem muito aduladora nem muito lisonjeira, e me assegurais isso de uma maneira que me faz desejar extraordinariamente que seja de fato verdade. Mas, quanto mais essa maneira me agrada, menos confio: pois, mesmo se não vos conhecesse de outros lugares, poderia ver que sois a pessoa mais delicada da sociedade, e que percebeis vivamente tudo o que não tem distinção. Não tenho mais espírito e invenção além daqueles que a alegria dá, e já há algum tempo estou quase sempre triste, encontrando-me em plena Paris como que em uma profunda solidão.

Parece-me também, senhora, que vos escrevo freqüentemente sobre assuntos que eu não teria escolhido; e, quando se deseja escrever, não se deve esperar fazer nada que agrade muito, ou que possa provocar admiração, a menos que se tome algum assunto agradável, e se saiba encontrar nele coisas de grande valor. É verdade que quisestes que os assuntos dependessem de minha fantasia; mas acreditei que seria melhor para vós e para mim, se vos désseis ao trabalho de impô-los. Pois nos é sempre mais prazeroso conversar de uma coisa do que de outra; e, no que me concerne, além de que a escolha me teria embaraçado, todos os assuntos me são praticamente análogos; não me prendo a nada em particular; e como tenho pouca ciência, falo de todas as coisas e as julgo segundo meu capricho. Assim, senhora, certifico-vos apenas da sinceridade de meus sentimentos.

Aqueles que se contentam em recitar os antigos não tornam a sociedade mais ágil. Mas, quando se busca e se diz uma quantidade de coisas que não provêm de quem quer que seja, é possível ao menos encontrar alguma que a sociedade não sabia. Pois é um grande erro imaginar que não se pode dizer nada que não tenha sido dito. (...)

E, para responder ao que me perguntais, senhora, e vos dizer com toda clareza o que é a melhor e a mais bela Conversação, vem-me ao espírito que seria desejável saber como se conversa no Céu, e ter estado entre esses espíritos nos quais surge o bem puro e sem defeito, do que certamente não poderíamos ter aqui senão uma fraca e ligeira idéia.

Não creio que já se tenha procurado saber com exatidão se é possível encontrar essa perfeição, e isto certamente merece ser examinado. (...)

Entre a gente de sociedade, a palavra tem maior uso na conversação; de modo que as pessoas mais bem sucedidas nesse campo são, na minha opinião, as mais eloqüentes. Chamo Conversação todos os diálogos entabulados por todo tipo de pessoas que se comunicam umas com as outras, seja num encontro casual em que se tenham apenas duas ou três palavras a trocar; seja num passeio, ou em viagem com os amigos, ou mesmo com pessoas que não se conhece; seja no encontro à mesa com gente de boa companhia, seja ao se ir ver pessoas de quem se gosta, quando a comunicação é mais agradável; seja, enfim, quando se está em algum lugar de reunião, onde se pensa apenas em diversão, que, com efeito, é o principal objetivo das conversas. Pois quando há reuniões para deliberar, ou para tratar de negócios, isto se chama Conselho e Conferência, nos quais, de ordinário, não se deve rir nem fazer brincadeiras. No que concerne a estas visitas tão regulares, que são feitas apenas por costume, ou por dever, elas me parecem muito incômodas; nada sendo além de penosas e desagradáveis, deveríamos nos desiludir a seu respeito.

A Conversação almeja ser pura, livre, honesta, e no mais das vezes jovial, quando a ocasião e a conveniência o podem tolerar, e aquele que fala, se deseja fazê-lo de modo que seja amado, e que seja tido por boa companhia, não deve pensar senão, pelo menos no que depender dele, em tornar felizes aqueles que o escutam. Pois todos querem ser felizes, e este sentimento é tão natural, que mesmo os animais o têm ao modo deles; mas, porque quase nunca se pensa nisso, é bom dizê-lo e lembrá-lo, pois este conhecimento pode ser de extrema serventia nas conversas, assim como em muitos outros encontros. Estimamos e desejamos as coisas apenas na medida em que podem contribuir para a nossa felicidade. De onde vem a busca por belas mulheres? O fato é que nos causa grande satisfação vê-las, e ser amado por elas. De onde vem também nossa afeição espontânea às pessoas de bem? O fato é que nos é prazeroso e honroso freqüentá-las; e que nos tornamos homens de bem em sua companhia.

É necessário que os movimentos da alma sejam moderados na Conversação; e assim como é conveniente dela afastar, o quanto pudermos, tudo o que a torna triste e sombria, parece-me também que o riso excessivo não lhe assenta bem; e que na maior parte das conversas não se deve elevar nem abaixar a voz, senão com uma certa mediania, que depende do assunto e das circunstâncias. O gracejo está muito em moda, mas rir nos esgota tanto quanto gracejar; e ainda que não se pense, na corte, em nada além do que se divertir, cuido que os mais dispostos à alegria têm grande satisfação algumas vezes em escutar alguém que fala e que discute seriamente acerca de tudo o que se lhe pergunta, quando sabe fornecer argumentos excelentes, refinados, de fácil inteligência, e que não cansam.

De resto, podem ser observadas maneiras ternas, e maneiras com certo ar elevado, que raramente são utilizadas na sociedade, pois poucas pessoas são capazes de se servir delas. Freqüentemente valem mais do que o mais agradável gracejo; umas vêm de um coração sensível, e as outras da sublimidade do espírito; e quando não são bem acolhidas, é porque são mal desempenhadas, ou porque não se sabe introduzi-las no tempo devido. O principal nisso consiste em golpear com precisão, e sentir até onde se deve ir. É bom diversificar o mais que se puder.

Estou persuadido, senhora, e creio que julgais assim, que, em todo tipo de conversas, quanto mais se tem espírito e domínio sobre ele, mais se é agradável. E estas senhoras que conheceis, que dizem que algumas pessoas têm mais espírito do que elas desejariam, e que uma atenção tão grande é cansativa, parece-me que não deveriam se lamentar tanto disso, e que, ademais, certamente apreciam descansar.

É bem difícil dizer graciosamente tudo o que se deseja em qualquer língua que seja, sem conhecê-la perfeitamente. É necessário ainda se instruir das maneiras da corte, e todos são capazes disso. Assim, para ser de boa companhia, isso não é o mais importante, e a extrema dificuldade surge quando se deve pensar no que há de melhor a dizer sobre cada assunto, e para encontrar na linguagem não sei que nuanças, que dependem de se conhecer o que assenta melhor em matéria de expressão, e saber aplicá-lo. Que não se imagine pois que se deva sempre observar as palavras e os modos de falar para bem se servir deles, este não é o nó da questão. Mas o que assenta bem deve ser longamente estudado. É preciso, como disse um grego antigo, oferecer sacrifícios à deusa das Graças: de modo que quando se conhece a linguagem e a sociedade, e se adquire um certo conhecimento do falar, pode-se ficar tranqüilo sob este aspecto, não se preocupando com nada além do espírito e das coisas. Disso decorre agradar, persuadir e provocar admiração, seja por um discurso elevado, seja algumas vezes por uma Conversação alegre: esta última é mais difícil, exigindo mais destreza e invenção. (...)

A eloqüência é freqüentemente comparada à pintura, e vejo que a maior parte das coisas ditas na sociedade é semelhante a pequenos retratos vistos em separado e sem relação, e que nada têm a se dizer. Não há tempo para se fazer esses grandes quadros, cuja principal beleza reside em que todas as figuras que ali vemos se encontram em uma justa proporção; sendo um grande trunfo para ser bem sucedido em um, exceler também no outro. Pois os conhecimentos que tendem praticamente ao mesmo objetivo, como os que acabo de dizer, se dão as mãos quando estão juntos, e sempre se fazem as honras.

É necessário utilizar o máximo possível uma expressão fácil e fluente; mas esta é apreciada apenas na distinção e na pureza da linguagem, mesmo que os modos de falar já sirvam para fazer entender as coisas. Além disso, acho necessário aquilo que os italianos chamam de *Condimento*, o tempero. Pois a suavidade está sujeita a não apetecer. De modo que se deve evitar ser insípido, sem sabor; das várias razões que levam algumas pessoas muito polidas a serem repudiadas, não conheço outra a ser mais temida.

Estraga-se freqüentemente aquilo que se deseja muito polir e muito embelezar. O meio de evitar esse inconveniente, tanto para bem escrever quanto para bem falar, é ter ainda mais cuidado com a simplicidade do que com a perfeição das coisas.

O ar nobre e natural é o principal atrativo da eloqüência, e entre a gente de sociedade, o que provém do estudo é quase sempre mal acolhido. Deve-se até mesmo conter o espírito em muitas ocasiões, e evitar o que se sabe do maior valor. Admiramos facilmente as coisas que estão acima de nós, e que perdemos de vista; mas as amamos apenas bem raramente, e isso é o que importa. Os animais buscam apenas os animais de sua espécie, e não seguem os mais perfeitos. É a conformidade que torna a convivência agradável, e que faz amar com uma afeição recíproca. De modo que na medida em que a conveniência e a perfeição o possam tolerar, e algumas vezes mesmo em prejuízo de ambas, é preciso se acomodar o máximo possível às pessoas que se deseja ganhar. Este era o mais belo talento de Alcebíades e que o fazia tão desejado entre todo o tipo de pessoas; mas este juízo concerne apenas àqueles que não mais aprendem, e que querem se servir de suas vantagens, pois para os outros que ainda não são perfeitos, e que buscam a perfeição, estes não devem pensar tanto no que será bem acolhido mas sim no que deveria sê-lo, sem se inquietar com as circunstâncias.

Quem quer que seja não deve recear falar bem demais; e cuido que aqueles que são mais eloqüentes do que se gostaria, não o são como se deveria: usam certas frases que parecem belas, mas que não o são; falam muitas vezes, quando deveriam se calar; seus discursos não têm relação com o assunto que se apresenta, e, em geral, nada se quer saber de tudo o que dizem. É um segredo bem raro perceber sempre o que assenta melhor. Conheço pessoas que falam muito bem, que jamais dizem o que se deveria dizer, nem da maneira certa.

É necessário observar tudo o que se passa no coração e no espírito das pessoas com quem se conversa, e se acostumar desde cedo a conhecer os sentimentos e os pensamentos, por sinais quase imperceptíveis. Esse conhecimento que se mostra obscuro e difícil para aqueles que não estão acostumados a isso, torna-se claro e fácil com o tempo.

Trata-se de uma ciência que se aprende como uma língua estrangeira, na qual, de início, não se compreende senão pouca coisa. Mas, quando a apreciamos e estudamos, fazemos incontinente algum progresso.

Esta arte parece ter um pouco de bruxaria; pois instrui a ser adivinho, e é por aí que se descobre um grande número de coisas que não se veria jamais de outro modo, e que podem ser muito úteis. De resto, gostamos de estar com as pessoas que fazem tudo aquilo que queremos, sem que lhes peçamos.

Dizem que antigamente, em Roma, quando os atores tinham representado uma cena ou um ato, ou talvez a comédia inteira, surgiam outros que tornavam a representá-la sem falar e de uma maneira muito inteligível. Era necessário exceler na ação para se explicar desse modo, e era necessário até mesmo muito espírito e sentimento para compreender esta linguagem. Mas, no assunto de que trato, é preciso ultrapassar em muito aqueles que se encontravam nessas comédias; pois, apenas se lhes representava o que já haviam visto, e aquilo que se desejava que soubessem. Mas é necessário penetrar aqui no que não se disse, e com muita freqüência no que há de mais secreto.

Deve-se evitar ser divagador ou enfadonho, é necessário pensar em tudo aquilo que se apresenta para expô-lo de forma graciosa; e, por mais espírito que se possa ter, a menos que se ame a sociedade, seria bem difícil ser ali admitido. Vê-se gente de um mérito bem medíocre e de muito má companhia, que sabe muito bem se insinuar entre as pessoas que lhe agradam; pois é uma grande questão impressionar para ser bem sucedido em tudo o que se empreende.

Parece-me que um bom meio para não desagradar quando se está em companhia consiste em não embaraçá-la jamais, e alegrá-la mais do que mantê-la constrangida. Sobre isso, ouvi uma pessoa que tinha muito espírito dizer que nada lhe era mais temível que aqueles que o tinham ao longo de todo o dia. Não se vê nada de mais agradável que o espírito, mas ele deve se mostrar apenas quando requisitado; pois não se deseja ter sempre diante dos olhos aquilo com que mais se simpatiza. Ademais, seria uma coisa fastidiosa exceler em tudo o que se fizesse; e ainda que esse defeito seja pouco comum, e que a sociedade não tenha motivo para disso se queixar, é certo que, a força de nos fazermos admirar, nos tornaríamos insuportáveis. É verdade que nos encontramos algumas vezes entre pessoas tão contidas, e tão modestas, que diríamos que assim o são por rivalidade, ou por apostar quem demonstraria menos espírito. Conversa-se desse modo na corte de Roma, nada se dizendo ali de importante, e cuido que isto não é divertido.

Há dois tipos de estudo, um que busca apenas a arte e as regras; outro que não se interessa absolutamente por isso, e que tem por objetivo apenas encontrar, por instinto e por reflexão, o que deve agradar em todos os assuntos particulares. Se fosse necessário se declarar a favor de um dos dois, seria, na minha opinião, pelo último, sobretudo quando se sabe por experiência ou pelo sentimento que se conhece o que assenta melhor. Mas o outro não deve ser negligenciado, contanto que se lembre sempre de que aquilo que é bem sucedido vale mais que as regras. É também dali que as melhores são extraídas.

Isso não significa que não se possa ter muita arte e muito artifício no que quer que seja, contanto que se recorra a isso apenas para tornar a sociedade mais feliz; mas nem um nem outro deve ser mostrado. Há sempre um não sei quê que pende para a inveja, mesmo entre as pessoas mais virtuosas: e quando se admira uma coisa, prefere-se bem mais que ela venha da fortuna que da ciência, ou do talento de um particular. Pois o que vem da fortuna é como um favor do céu, e aquele que dá segundo seja estimado, ou desprezado, aumenta ou diminui o valor do presente. César atribuía ao favor dos deuses o que ele fazia de mais admirável. Contudo, Catão criticava-o por não crer nem em deuses, nem em deusas; o fato é que César conhecia os sentimentos da sociedade.

Um homem de bem nunca seria ousado demais, nem jovial demais, contanto que seja ainda mais polido e mais contido, e que se porte com distinção. Parece-me que sempre é possível descobrir algum atrativo no menor assunto que se apresente, sendo aí que aparecem a destreza e a invenção. Noto também que é freqüentemente melhor dizer pequenas coisas para alegrar, ou mesmo para divertir, do que dizer apenas coisas muito excelentes de tempos em tempos. Faço esta recomendação apenas àqueles que têm muito espírito; pois os outros o acatam em demasia sem que para isso sejam aconselhados.

Quando se está com pessoas que se vê familiarmente, a maneira livre é mais cômoda, e freqüentemente mesmo mais agradável que aquela na qual se emprega tanta cerimônia. De sorte que se podem dizer palavras e coisas que não se devem entretanto escrever; pois aquilo que se diz em particular não tem, em geral, maiores conseqüências. Mas aquilo que se apresenta à sociedade cai nas mãos de pessoas mais sérias; e ainda que não se tivesse escrito nada que não fosse muito puro e muito honesto, não obstante, esta franqueza natural que não tergiversa nem se mascara, e que agrada em um comércio jovial, não deixaria de chocar pessoas severas, que não conhecem o bem, nem o mal, a não ser na medida em que o costume autoriza um e repudia o outro. Ademais, aquilo que se escreve poderia ser visto pelos poderosos, e pelas maiores princesas; assim, seria de algum modo perder o respeito mostrar-se tão livre à sua vista. Isso me faz pensar que estes autores que consideramos tão graves não o eram em todas as ocasiões como levariam a crer seus escritos.

Por mais que se tenha nascido venturosamente, há poucas coisas que se possa fazer bem sem tê-las aprendido. (...)

Mas se há algo que exija o cuidado de se instruir com os melhores mestres, é a conversação; e, quando se deseja ser bem sucedido nesse campo, deve haver, principalmente, empenho em se tornar um homem de bem, e para isso o que é necessário fazer? Há um pequeno número de pessoas que executam tão bem todas as ações da vida, e que falam com tanta distinção, que para se tornar homem de bem e boa companhia, valeria mais observá-los e conversar com eles de tempos em tempos, do que envelhecer na corte. Não é que não se possa aprender a viver e a falar corretamente ali. Mas para que não nos enganemos, é bom lembrar que essa corte que é tomada como modelo é uma afluência de todo o tipo de gente; que uns apenas passam por ali, que outros ali estão apenas há pouco tempo, e que a maior parte ainda que tenha nascido ali não deve ser imitada. De resto, muitas pessoas, por serem da corte, imaginam ser da alta sociedade; quero dizer da sociedade universal: mas há muita diferença entre uma e outra. Esta corte, ainda que a mais bela, e talvez a maior da terra, tem entretanto seus defeitos e seus limites. Mas a alta sociedade que se estende por toda parte é mais perfeita; de modo que no que concerne a estes prezados modos de viver e de proceder, é necessário considerar a corte e a alta sociedade separadamente, e saber que a corte, ou por costume, ou por capricho, aprova algumas vezes coisas que a alta sociedade não toleraria. Quem quer julgar corretamente o procedimento da alta sociedade, e mesmo o da corte, precisa penetrar naquilo que poderiam dizer, a esse respeito, as pessoas mais honestas de todas as cortes, se estivessem reunidas, para conhecer-lhe o justo valor. Estando imbuído deste espírito, olha-se de um modo amplo tudo o que se examina; e, quando se notam coisas que são por si mesmas excelentes, pode-se fazer melhor do que preferi-las àquelas que são seguidas apenas porque a moda assim o quer?

Por que motivo tantas coisas que antigamente eram admiradas são hoje repudiadas tal como as boas palavras da velha corte? O fato é que seguramente o que era tido como o que havia de melhor ali, dependia da moda e do gosto daquele tempo. Portanto, é necessário identificar o ar distinto, entre aqueles que o têm, e superá-los se possível; pois, a menos que se diferencie o ar distinto daquele que apenas parece sê-lo, nosso esforço redundará muitas vezes no ridículo; e quanto a superar os mais perfeitos, parece-me que a imitação jamais é nobre ou agradável, se não sobrepujarmos o modelo, pelo menos quando é possível ir além.

Aqueles que têm mais graça no falar quase sempre ali se divertem menos que os outros, pois, de ordinário, os melhores artesãos não ficam contentes com o que fazem, e quanto mais se é excelente, mais se é modesto; mas, advirto-os que, quando se tem o espírito agradável, é um grande defeito gostar muito de ficar calado; pois, quando as pessoas mais distintas e aquelas que o são menos permanecem de braços cruzados sem nada dizer, a diferença entre umas e outras não é tão sensível que possa facilmente ser notada. Mesmo as pessoas que poderiam julgar o mérito pela feição ou pelo silêncio não querem se dar a esse trabalho. A modéstia honra muito as belas coisas, mas é necessário vê-las e conhecê-las para achá-las belas. Um procedimento muito contido as obscurece e as cobre como que com um véu. Asseguro aqui aos mais contidos, e aos menos sujeitos a se vangloriar, que quando alguém quer aprender sinceramente uma coisa, e busca a verdade dela, aquele que a pode descobrir não deve disfarçá-la, ainda que ela lhe seja vantajosa; isto seria uma pequenez de coração, mais do que uma verdadeira modéstia: mesmo um excelente artesão deve dizer, sem que seja solicitado a isso, tudo o que sabe fazer, se a sociedade pode disso tirar proveito, e principalmente deve advertir os grandes príncipes que podem se servir dele.

Não há quem goste de ser medido de alto a baixo, nem que alguém se mostre superior em relação a ele; aqueles que têm espírito sempre percebem isto, e com bastante freqüência os mais grosseiros o sentem. Esse procedimento que produz apenas maus efeitos não é o de um homem distinto, e particularmente se aqueles que são tratados dessa forma não são nem presunçosos, nem injustos: quanto mais se tem mérito e fortuna, menos se deve abusar disso. Entretanto, não é necessário se rebaixar, nem se abrir despropositadamente; este temperamento justo parece bem difícil de ser mantido; e nada testemunha tanto a habilidade, e o bom juízo sobre todos os assuntos, do que nunca fazer nem mais nem menos do que a matéria ou a ocasião pedem. Entretanto, é verdade que quando se trata de fazer o bem, o procedimento heróico ama o excesso, e não busca nem regra nem medida. Um espírito excelente que se dedicava à poesia recebeu de bom grado cem moedas da mão de um grande senhor; mas, vendo que este número era muito exato, ficou tão ressentido, pois gostava deste grande senhor, que as lançou num poço na presença dele, e lhe disse bruscamente que aprendesse a não mais contar seus benefícios. Esta prova de afeto foi grande, mas talvez um pouco vã, e muito ferina, pois parece-me que, sem nada perder, ele podia adverti-lo mais civilizadamente; e acho que é uma coisa cruel e deselegante magoar a quem quer que seja, a menos que aquele que magoamos tenha nos incitado a isso por malícia ou por presunção. Pois aquele que desagrada por imprudência ou por simplicidade não deve ser punido. Valeria mais apontar-lhe ternamente seu erro para torná-lo uma pessoa mais distinta; sobretudo, é necessário ter com os amigos o humor afável e complacente; muitas pessoas que não cuidam disso imaginam que um mero galanteio vai acomodar tudo, e isto pode algumas vezes reanimar o amor; mas a amizade, que de modo algum se apraz com contratempos, não retorna tão rapidamente.

Ocorre ainda com bastante freqüência querer divertir uma pessoa que se ama à custa de uma outra que se negligencia, e que para fazer a corte a uma são ditas palavras mordazes à outra, e tudo isto pelo prazer de um momento. É preciso evitá-lo a todo custo e lembrar que uma coisa que passa tão prontamente é pouco considerável, em comparação com aquelas que permanecem no coração, como os desprezos e os ultrajes que não se poderia esquecer. Não é fácil não se ressentir com isso; e ainda que a devoção participe desse processo, permanece sempre uma certa propensão ao ódio, que torna mal visto tudo o que vem das pessoas das quais se crê ter motivos para se lamentar. Além de quê, para dizer a verdade, não se poderia agradar com distinção, ao ferir pessoas que não o mereceram; pois uma ação injusta e cruel não tem nada de honesto nem de galante.

Normalmente é um mau hábito, que provoca freqüentes enganos, estarmos tão prontamente dispostos a julgar, e principalmente a desaprovar. Assim como não se condena nem o mais culpado sem acolher sua defesa, não se deve rejeitar estouvadamente certas coisas que seriam bem acolhidas, se pudessem se expor em toda plenitude de seu direito. Conheço pessoas que não olham o que quer que seja senão com a intenção de notar-lhe os defeitos, e este é o meio mais apropriado para atrair o ódio e a inveja. Mas vejo também os que examinam aquilo que se apresenta para descobrir ali algo de agradável; e não é que não tenham o gosto melhor e mais delicado que os outros: mas eles desculpam tudo, e cuido que são facilmente amados, e que sua amizade é bem vista.

Aquele que quer ser boa companhia deve fazer de modo que, quanto mais conhecidos sejam seu coração e sua forma de proceder, mais seja desejado; e como é belo ser humano, e não ter nada de injusto! Como a sinceridade confere distinção, e a falsidade me parece desagradável! Deve-se seguir este sentimento, em qualquer caso; pois jamais fica bem se afastar dele. Alguns o têm espontaneamente, o que é uma grande vantagem; mas quando não o temos, é necessário tentar adquiri-lo, conformando-nos o máximo possível à idéia da perfeição.

Uma vez que são encontrados apenas poucos espíritos do gênero que estamos buscando, não se deve esperar de muitas pessoas coisas de grande requinte. As coisas que não têm nada de notável não deixam de agradar quando são da sociedade, e quando são ditas sem afetação e com grande simplicidade. Entretanto, não devem ser tão comuns quanto esta que todos sabem de cor: "Compartilho de vossa tristeza"; já vi apostarem, abrindo uma carta de pêsames, que essa fórmula se encontraria ali; e uma dama muito triste que a tinha recebido não pôde evitar de rir; mas, principalmente, deve-se evitar tudo o que simule ter espírito; como, "é uma cópia ruim de um original ruim", ou então, "são três irmãs, uma mais feia que a outra".

A corte apreciaria muito dizer ditos agudos e coisas elegantes; contudo, por isto não ser fácil, a maior parte recorre a não sei quais provérbios que aprendem cuidadosamente para aplicá-los a todo propósito, como se pode constatar. Voiture apreciava-os; Benserade alegrava seus versos com eles; e algumas damas vistas como encantadoras não perdem a menor ocasião de demonstrar assim a destreza de seu espírito. Ademais, é a moda, e vós sabeis que ela freqüentemente dá azo às piores coisas. Portanto, não se deve rejeitar as pessoas que se servem deles. E mesmo, vejo que, quando se quer agradar a pessoas que falam esta linguagem, bem se faz em utilizá-la, podendo-se, nela, dar provas de espírito e invenção. Mas é sempre bom conhecer o pouco valor disso, e não se enganar; pois é certo que se trata de uma espécie de equivocidade, uma vez que aquilo que há de melhor nessa linguagem não pode ser traduzido em outra língua, prova infalível de que a coisa não é de grande valor. Imaginemos que uma princesa não se contente com a beleza de sua tez, e que goste de maquiá-la; se ela quisesse maltratar algum estouvado que tivesse rido disso, senhora de M... ficaria satisfeita em dizer que *"il ne se faut pas moquer de la barbouillée"*[1]. Mas se fosse uma

....
1. Esta frase, em francês, tem duplo sentido. Literalmente quer dizer "não se deve zombar da maquiada, ou da lambuzada". Entretanto utiliza-se esta ex-

grande de Espanha, que pela mesma razão se quisesse cruelmente vingar de um trocista indiscreto, como isso seria dito em espanhol? Seria maravilhoso se isso pudesse se ajustar tão bem em várias línguas.

Há equívocos que são ainda mais deploráveis, como todos os ditos agudos da velha corte; é uma pobre invenção que não faz mais rir senão aos ridículos, e que assenta mal à gente de bem, a não ser talvez aos zombeteiros, que são os primeiros a escarnecer disso, como algumas pessoas que conheceis. No que concerne aos equívocos da linguagem, e que são muito encontrados sem serem procurados, há dois tipos deles; um que deixa em dúvida o sentido, ou que até mesmo dá a pensar o contrário do que se quer dizer, sendo um grande defeito na expressão. O outro tipo de equívoco é encontrado quando o sentido é bem claro, sendo, não obstante, possível torcer uma palavra, e relacioná-la a alguma coisa contra a intenção de quem fala. Fazer muito isso poderia prejudicar extremamente a beleza da linguagem; mas é impossível evitá-lo sempre sem cair em um outro defeito ainda maior: pois seria necessário usar repetições, e transpor as palavras e as frases; esta linguagem não seria nem livre, nem natural.

São vistas expressões da moda que regozijam algumas vezes, e que seriam sempre apreciadas se a corte não abusasse delas; citarei uma à guisa de explicação. "Não se esperava nada menos do que isto de um exemplo de

....
pressão com relação a pessoas que dizem coisas absurdas ou ridículas. [Richelet indica para *barbouillage*, *barbouiller*, *barbouilleur* um sentido figurado: respectivamente "retrato satírico que se faz em prosa ou em verso", "compor mal, pintar mal", "autor medíocre"; as duas últimas acepções são empregadas nos estilos e nas obras cômicas.]

severidade; pois dizem que ela a tem em demasia"; não devemos nos servir delas senão muito raramente e para nos alegrarmos; quando são muito freqüentes, as pessoas de bom juízo as repudiam rigorosamente. E é a aversão da senhora L. M. D. S. Encontro também modos de falar muito figurados que eu gostaria de evitar, ainda que as pessoas da sociedade os utilizem. Uma dama se exprimia agradavelmente um dia em que me falava de algumas altercações da corte: "Nós estávamos, disse-me ela, no mesmo barco", para dizer "no mesmo partido"; e como esta pessoa era muito refinada e delicada até o extremo, e que, ademais, tínhamos discorrido sobre linguagem, ela julgou que eu achava este termo estudado, e mesmo ela buscava se desculpar; de modo que, para tirá-la desse embaraço, disse-lhe que me parecia que nós, os políticos, não falávamos muito de outro modo e isto a agradou e a fez rir.

É necessário se abster das palavras e dos modos de falar que a corte rejeita; mas não nos servirmos deles não significa condená-los; isso ocorre com bastante freqüência por serem ignorados; ou por não termos a destreza para empregá-los, ou mesmo por não nos vir ao espírito estas coisas finas, que não se poderia exprimir bem, sem recorrer a todas as delicadezas da linguagem; e cuido que há expressões tão agradáveis, que aprazem de início sem que se esteja acostumado a elas; se ocorre que se seja forçado a usar, para se fazer entender, certos termos pouco conhecidos, ou que pertençam especificamente a um ofício, é necessário fazer de modo que aquilo que os precede e aquilo que os segue esclareça-os e dê-lhes alguma graça; isto funciona mais do que o expediente tão comum: "se é necessário usar esta palavra", ou "por assim dizer": porque, primeiramente, se aquele que fala mostra que desconfia da própria linguagem, o outro que o estiver escutando terá prazer em não contrariá-lo. Quando se é o primeiro a desaprovar alguma coisa de si mesmo, acha-se bastante complacência, e é comum, em matéria de linguagem, levar as pessoas a duvidar de uma palavra que teriam julgado muito boa. Ademais, ainda que a melhor expressão seja a mais agradável, não fica bem, entretanto, mostrar que se pensa muito nela; isto seria o meio de desgostar as pessoas que mais a apreciam.

César em algum momento escarnece do afã de Catão, e depois vejo que um antigo grego muito sábio não quer que seu herói se apresse, dizendo: pois sendo ele sempre altivo e imponente, não deve julgar nada digno de fazê-lo apertar o passo. Portanto, só fica bem nos dedicarmos a bem poucas coisas, ao menos na aparência; e, como diz um outro grande Juiz, só devemos nos apressar lentamente. Sobretudo nas conversas, por mais intenção que se tenha de divertir, é sempre bom esconder isso o mais que se puder; pois não se pode ser de muito boa companhia, se a sociedade não imaginar que se é assim naturalmente. Mas, ao mostrar que nos matamos para nos tornar agradáveis, aquilo que dissermos de melhor provocará mais pena que prazer.

Parece-me também que, quando certa gente que encontramos em demasia conversa gravemente sobre uma bagatela, vem a ser bem simples tornar-se cúmplice de sua impertinente gravidade. Se ocorre não ser possível evitá-lo, age-se corretamente ao transformá-la em motejo: do mesmo modo, quando uma coisa que se apresenta é considerável, é necessário tratá-la seriamente, ou não dizer absolutamente nada. Alguns cortesãos gostariam de colocar tudo sob o tom de gracejo, e este não é o meio de agradar; é necessário se afastar o mais que se puder daquilo que provém do estudo, visto que disso não se tira nada de útil ou agradável. Eu disse a alguém muito erudito que ele falava como autor; "Mas, e então, respondeu-me este homem, não o sou? – Vós o sois em demasia, repliquei rindo, e faríeis muito melhor em falar como homem galante; pois, por mais erudito que se possa ser, não se deve dizer nada que não seja entendido por aqueles que têm espírito, e que conhecem a sociedade."

Do modo que a maior parte das pessoas consideram a ciência e ser sábio apenas como ter muita leitura; e vejo que não há necessidade de muito gênio para relatar aquilo que se leu, e isto não é, no mais das vezes, algo que agrade, nem que possa servir. Mas, ao dizer boas coisas sobre tudo o que se apresenta, e dizê-las agradavelmente, todos aqueles que as escutam tiram proveito disso; o espírito não pode ir mais além, é a obra-prima da inteligência. Ademais, a maior parte das pessoas da corte, tanto homens quanto mulheres, que conhecem apenas aquilo que se pode aprender nesse comércio, são menos sensíveis para a linguagem, e para muitas coisas, do que o seriam se tivessem um pouco de ciência e muito espírito; de modo que não se lhes deve dizer nada que cheire a estudo, nem que pareça elaborado; sobretudo, uma vez que de bom grado ficam contentes com o próprio valor, deve-se evitar instruí-las no que quer que seja, ou adverti-las, quaisquer que sejam as falhas que se lhes viu cometer, a menos que se encontre algum homem ou alguma mulher que o mereça, e que o saiba aceitar bem; o que se nota facilmente pela feição ou pelo procedimento.

É preciso tentar ter o sentimento fino, para descobrir o que se passa, e se acomodar à ocasião; com esta vantagem que não parece quase nada, por menos boas qualidades que se tenha, é-se bem acolhido por toda parte; e, quando não se tem isso, corre-se sempre o risco de se ser criticado: mesmo as coisas boas que se diz não impedem que se seja algumas vezes incômodo, e mesmo impertinente. É que são ditas despropositadamente, como gracejos que são feitos a gente que tem o coração doente, e que fica aflita, ou algo de bem sentencioso que se pronuncie entre pessoas que querem apenas se alegrar.

Este tom sentencioso me leva a recordar que, ainda que o gozo seja muito temperado, não se deve, entretanto, dizer senão bem poucas sentenças; o povo e a gente comum encantam-se com elas, mas a gente de bem não as pode tolerar: mesmo as máximas apreciadas e admiradas nos escritos não produzem tão bons efeitos nas conversas. Elas me parecem mais apropriadas para as respostas dos Oráculos, do que para se comunicar humanamente, e não gosto de me servir delas na Conversação, a não ser em brincadeiras; pois a aparência grave e séria pode conferir graça à brincadeira.

Há bem poucas pessoas que não levam a mal, algumas vezes, as palavras que se lhes dirige; é bom estar atento para não cometer estas faltas; pois são facilmente repudiados aqueles que as cometem. Alguém diz uma coisa para se divertir, e o dá bastante a conhecer; aquele que a toma gravemente, torna-se ridículo; e quando se lhe diz algo bem sério, e ele crê que estão escarnecendo dele, merece certamente ser escarnecido.

Não é necessário esforçar-se demasiado pela abundância quando se tem apenas a intenção de agradar, o valor e a raridade são bem mais consideráveis, a abundância cansa, a menos que seja extremamente diversificada. Pode até mesmo ocorrer, pelo demasiado número de belas coisas, que não se goste tanto, e mesmo que se estime menos aqueles que as fazem ou que as dizem; pois a abundância atrai a inveja que arruína sempre a amizade. Essa abundância faz também com que não se admire mais aquilo que se achava, de início, tão surpreendente, pois fica-se acostumado, e aquilo não parece mais tão difícil.

Em todos os exercícios como a dança, o manejo das armas, voltear ou montar a cavalo, conhecem-se os excelentes mestres do ofício por um não sei quê de livre e desenvolto que agrada sempre, mas que não pode ser muito adquirido sem uma grande prática; não basta ainda ter-se exercitado assim por longo tempo, a menos que tenham sido tomados os melhores caminhos. As graças amam a justeza em tudo que acabo de dizer; mas de um modo tão ingênuo, que dá a pensar que é um presente da natureza. Isto se mostra também verdadeiro nos exercícios do espírito e na Conversação, em que é necessário ter esta liberdade para se tornar agradável. Nada faz notar tanto a ignorância, e o pouco progresso, que maneiras forçadas, nas quais se percebe muito trabalho.

Uma vez que aprecio muito os desertos, não odeio as pessoas solitárias; e cuido que se conseguirmos, porventura, conquistar sua simpatia, quase sempre são aqueles cujo comércio é o mais agradável; se a turba aborrece, é possível se retirar, e mesmo se retirar por muito tempo quando se tem prazer no retiro: mas quando se vai à sociedade, é necessário estar aberto e pronto a se comunicar, pois seja agindo ou falando, devemos principalmente tentar nos comportar como homens de bem; e não vejo nada de mais inconveniente em sociedade do que ser recolhido e como que mergulhado em si mesmo, e de dizer apenas a contragosto e negligentemente: "Pode ser", "tendes razão", ou "estou satisfeito".

Vêem-se também pessoas que são muito espantadiças, que tudo aquilo que se lhes diz as surpreende, ou lhes é suspeito, e cuido que não haja nada a dizer na sua ausência. Vêem-se outras que são muito solícitas, que gostariam que tudo existisse por elas, que falam apenas ao ouvido, que mudam freqüentemente de lugar, e que vão para todos os lados para dizer algo de bem misterioso, que, no mais das vezes, não é nada. Vêem-se ainda outras que falam muito alto; mas por enigmas, para não serem entendidas senão por uma pessoa ou duas, que não precisam senão de uma palavra, pois a coisa lhes é conhecida, e todos os outros que não estão informados nada podem compreender. Essas pessoas nos fazem desejar os bosques e a solidão.

Em relação às casas reais, as conversas são muito interrompidas, indo-se ali menos para discorrer do que para se mostrar. Lá são feitas reverências à vontade, e é lá ainda que se pensa mais em parecer bem vestido e bem ataviado, do que em ser homem de bem; desse modo, a maior parte dos que as freqüentam apenas por seu interesse particular parecem-me antes composta de desagradáveis negociantes, do que de gente de boa companhia. Entretanto, encontramos gente de sociedade que se comunica de uma maneira agradável, e até mesmo escreve boas coisas; mas, comumente, é necessário olhar separadamente essas coisas para achá-las boas, pois nelas não se vê nem seqüência, nem ordem, nem proporção. Isto nunca fica bem; contudo, devemos cuidar para não cairmos no estilo de autor. Nunca será demasiado lembrar que é uma bela coisa ser eloqüente e não saber às instruções dos mestres, pois a vantagem de falar bem parece ser um dom natural que se aperfeiçoa pelo comércio com pessoas agradáveis; de sorte que aquele que se sai melhor que os outros, deve, se possível, fazer com que isto pareça vir puramente da beleza do gênio, e de ter visto a sociedade como homem de bem.

Aqueles que falam muito, e que não fazem senão recitar, não têm uma conversa amável, principalmente quando a vaidade aí se mistura. Como conheço pessoas na corte que deveriam se corrigir disso! Mas é o lugar da sociedade onde as pessoas menos se corrigem. Quem as viu uma vez, viu-as por toda a vida. Isto advém, se não me engano, de que nos aperfeiçoamos bem pouco, a menos que sejamos ajudados por um amigo inteligente e sincero, ou que pelo menos nos observemos a nós mesmos, e bem severamente. Mas não se fazem advertências de bom grado nessa sociedade, a não ser, talvez, para ganhar alguma vantagem sobre aqueles que se adverte. Essa gente também não se examina, pois fica-se sempre tão ocupado com as coisas que aparecem em tal corte brilhante e pomposa, que não se faz reflexão alguma.

É uma grande vantagem prever de longe tudo o que pode ocorrer, e estar pronto a tomar partido. Os mais hábeis estão sujeitos a cometer erros nas coisas que os surpreendem. Chego a ver que na Conversação, quando não se espera por certos discursos mal ordenados, não se sabe, com freqüência, o que responder.

Parece-me que quando se relata uma ação boa ou má não se deve nem louvá-la, nem censurá-la, pois ela faz sentir muito bem o que é, sendo melhor deixar livre o julgamento a seu respeito. E depois, como a maior parte dos louvores provém da adulação, a sociedade raramente se compraz com isso, e a maledicência leva a pensar que se é invejoso ou maldoso. É bem possível exaltar as pessoas que se ama, sem falar muito de seu mérito; e para os outros que não se estima, é um favor não dizer nada deles.

Acho também que todo tipo de gente, mesmo a mais modesta, estima que a consideremos e que a tratemos afavelmente. Há poucas pessoas, não obstante, que toleram ser louvadas quando estão presentes, pois, normalmente, procede-se desastradamente, expondo-as e embaraçando-as. Mas os louvores que honram aquele que os faz, assim como aquele que os recebe, agradam muito quando são descobertos por meio de alguém que os relata, e quando não são suspeitos nem de interesse, nem de adulação e particularmente se são de boa origem. Pois, assim como o afeto é bem acolhido apenas quando vem de uma pessoa amável, também é necessário ter mérito, quando se deseja que se estimem os louvores que se faz.

Há poucas belas mulheres, pouca gente de bem, e poucos grandes príncipes, que não ficam bem contentes que seus nomes brilhem na sociedade, e nada pode contribuir tanto para isso do que agradar àqueles que todos escutam agradavelmente. Alexandre, que a fortuna seguia por toda parte, e que era visto como um deus, não deixava de ter inveja da felicidade de Aquiles, por Homero tê-lo tomado em afeição; e a bela rainha do Egito que encantava todos aqueles que dela se aproximavam, não obstante, suspirava quando considerava a glória de Helena, e os louvores que o grande poeta lhe havia feito. Parece-me também que a maledicência deve ser muito temida, quando se explicita por ditos agudos; pois apraz repeti-los e neles sempre se encontra alguma coisa de bem pensado; de modo que não é bom ferir as pessoas que são naturalmente capazes de se ressentir disso.

Para evitar a aparência de um adulador qualquer, e para dar algum atrativo aos louvores que quase sempre têm não sei quê que desagrada, é bom recorrer à destreza e ao espírito, e torná-los mais picantes que amenos. Entretanto, o tempero não deve ter nada de desagradável, ao contrário, é necessário inventar segundos louvores mais lisonjeiros que os primeiros; mas sob uma aparência de despeito, e isto se faz disfarçando e reprovando coisas que as pessoas que se quer lisonjear estão satisfeitas em possuir. Alguém que se queixasse de uma dama ingrata, e que, não obstante, a desejasse adular: "Isso não me espanta, diz ele, pois sabe-se que os heróis são ingratos e as heroínas pouco reconhecidas."

Os modos de falar que amenizam os assuntos desagradáveis não são bons somente para fazer com que ouçam o que não se quer declarar abertamente; mas também esta destreza agrada a todos aqueles que têm o sentimento delicado, contanto que seja lisonjeira e que tenda apenas a fazer o bem. É verdade que quando se fala com um tom muito ameno e muito tranqüilo, produz-se uma grande calma que não deixa de fazer cochilar, mas uma voz forte e penetrante aturde e faz muito alarido. Assim o temperamento mais justo deve ser sempre buscado, e penso que não se saberia diversificá-lo tanto quanto sejam os encontros, pois depende muito do assunto e da ocasião. Ademais, a variedade certamente alegra e distrai.

O procedimento grosseiro não tem nada de nobre, é necessário tentar se portar elegantemente nas coisas que se diz, como naquelas que se faz. Mas as maneiras excessivamente ternas na Conversação, e mesmo com as damas, me parecem de mau gosto; a menos que o espírito as tempere, e que tenha antes um não sei quê de fino que de piegas. Conheci pessoas de feições bem rudes, que rugiam como leões, e produziam ao falar um som assombroso, mais ou menos como a trompa de Astolfo[2]. Entretanto, ninguém ficava chocado, ou alarmado, e eu via que eram amados facilmente, e que não desgostavam as mulheres, ainda que a amabilidade, normalmente, lhes agrade; o fato é que tinham muito valor e que, sob uma aparência altiva, tinham o coração justo e os costumes amenos. Mas odeia-se cruelmente a amabilidade estudada de uma mulher má, e de um falso homem de bem. Parece-me que a amabilidade não deve ser afetada, e que ela faz tanto mal quanto bem; a não ser para a música, ou para um belo dia, ou mesmo para uma bela noite. Pois a amabilidade me parece principalmente o que os torna agradáveis.

O que mais se deve buscar para ser bem sucedido nas tantas coisas que acabo de dizer é a justeza do espírito e do sentimento; é um grande gosto pela conveniência, com um discernimento vivo e sutil, descobrir o que se passa no coração e no espírito das pessoas com as quais se conversa, o que lhes agrada, ou o que as fere, ou o que lhes é indiferente; de modo que nunca poderemos ser demasiado completos na justeza do espírito, assim como na do sentimento; e nunca poderemos também fazer demasiado progresso no bom gosto, nem no discernimento, que penetra no que os sentidos não percebem.

---

2. Astolfo no *Rolando Furioso* de Ariosto, canto XV.

Para esclarecer tudo isso, é pela justeza do espírito que seguimos, como se o estivéssemos vendo, o assunto que se apresenta, e que, quando uma pessoa que fala merece ser escutada, vai-se direto ao seu pensamento, não se afastando dele. Não é o bastante se concentrar no assunto de que se trata, é certamente necessário evitar-se tomar uma circunstância pelo ponto crucial da questão: por exemplo, como se conversa de tudo, pode-se perguntar se é mais vantajoso às belas mulheres serem louras em vez de morenas. Se for citada a senhora de *** e a senhora *** deve-se falar apenas das diferentes belezas e daquilo que lhes convém, ou que lhes concerne; e se alguém põe em jogo a constância, ou a leviandade dessas damas, isto é falta de justeza, e se chama extrapolar. Pois as qualidades da alma não vêm nem da tez, nem dos cabelos. Mas quem disser que uma loura tem mais brilho, e que uma morena tem algo de mais picante, não se afastaria da questão. A verdade é que é bom se desviar daquilo que não se deseja que seja aprofundado; mesmo que alguém comece a falar de uma coisa que desagrada, ou que não seja lisonjeira às pessoas que amamos, é uma marca de espírito e de honestidade mudar de assunto com tanta destreza que, se possível, ninguém o perceba.

A justeza do sentimento sabe encontrar entre o pouco e o muito um certo meio, que não é de menor importância para agradar do que tudo aquilo que se pode dizer de melhor. Pois em todas as coisas que concernem à Conversação, e mesmo em todas aquelas que se empreendem, há um objetivo, o qual se deve certamente alcançar e não ir além. Parar no caminho, quando se pode ainda andar, é uma falta de justeza; ultrapassar o objetivo também o é. Mas há muita dificuldade em se encontrar sempre este lugar no qual é necessário manter-se, pois bem freqüentemente ele está coberto por tantas considerações, que não se poderia vê-lo nitidamente. É necessário pesar vários interesses; esta consideração nos empurra, aquela nos detém, e achamos que o que serve para um lado prejudica o outro; e a despeito de parecer bastante difícil, não se deve deixar de se aproximar disso o mais que se puder.

Quanto à delicadeza do gosto, ela é absolutamente necessária para que se conheça o justo valor das coisas, para que se escolha, entre elas, aquilo que se pode ver de mais excelente, para exprimi-las da maneira que melhor lhes convém, e para mostrá-las em toda a sua clareza, e como devem ser. De modo que, tanto quanto se puder, é necessário tornar o gosto tão fino e tão vivo, que se possa assegurar, de início, se aquilo que ouvimos, ou que desejamos nós mesmos dizer é bom ou ruim, e o que se deve esperar disso. Mas, para não se enganar, é necessário tentar fazer do bom gosto como que uma ciência, ou um hábito. Pois é bem difícil julgar sinceramente tudo o que vem ao espírito, principalmente quando se fala de gênio e de invenção. Pois, de ordinário, fica-se muito animado, e inflama-se tanto a imaginação, que é necessário ter o gosto bem confirmado para não dizer nada que espante, e que não seja bem acolhido. É verdade que se aquele que fala, ao animar-se, transporta aqueles que o escutam, ninguém examinará mais nada severamente, e que este excesso de pensamentos que seria repudiado por um espírito tranqüilo, é admirado por uma alma em desordem. É assim que, no mais das vezes, alguém se distingue, e se faz amado pelos atrativos da conversa.

Viria bem a propósito dizer claramente o que é este bom gosto; mas é mais fácil senti-lo do que se pode exprimi-lo. Trata-se de uma expressão figurada que se tomou de degustar-se aquilo que se bebe e daquilo que se come. Vêem-se muito mais pessoas de bom espírito que de bom gosto; e conheço algumas que sabem tudo, e que entretanto são incapazes de sentir aquilo que fica bem. Conheço também aquelas cujo raciocínio não vai muito longe, e que não deixam de penetrar sutilmente em tudo o que concerne à conveniência. Isto parece muito estranho, e onde encontrar a causa de uma tão grande desproporção? Acreditaria facilmente que se trata de um sentido interior pouco conhecido, mas cujos efeitos são bem sensíveis. Esta vantagem advém ainda de tê-la exercitado desde cedo a julgar as coisas com distinção, e de haver formado o gosto conforme o das pessoas que o têm excelente. Um outro meio de torná-la perfeita consiste em ser exato e severo ao julgar o que fica melhor.

A maioria das pessoas está persuadida de que gosto não se discute, e muito aprovo que não se discuta sobre nada; mas se se entende por aí que não há razão para mostrar que se tem bom gosto, ou que se o tem mau, e que isto depende apenas da fantasia, é um erro. Pois o bom gosto se funda sempre sobre razões muito sólidas, mas, no mais das vezes, sem raciocinar. Ele consiste em sentir em que ponto de bondade estão as coisas que devem agradar, e em preferir as excelentes às medíocres. Mas o que faz com que ter bom gosto signifique amar as boas coisas? Assim é, porque uma coisa boa contribui para a nossa felicidade; e quanto mais ela excele, mais contribui para isso. Não é necessário ir mais longe, pois seria perguntar por que queremos ser felizes. "Mas quê, dirá alguém, o que chamais um detestável equívoco me regozija; e este dito agudo que todos admiram não me diz nada, não o entendo." Respondo a isto que o bom espírito é muito necessário ao bom gosto, como também o bom gosto não é inútil ao bom espírito, e que é uma grande miséria termos prazer em tudo o que se apresenta, apenas por sermos tolos. São falsos gozos, que passam bem rápido, e que prejudicam sempre.

Enfim, esse discernimento sutil de que falei vem de um espírito de grande alcance que penetra em tudo, e que compreende de que natureza são as coisas que se apresentam. É por esse discernimento que se é adequado a tudo o que se quiser, e que se é excelente em tudo aquilo que se empreende, por menos que a isso se queira dedicar; pelo que é até mesmo possível se tornar homem de bem, sem ver a corte nem a sociedade. Pois, ainda que não se conheça a moda, nem os modos de proceder, esse discernimento faz perceber a principal conveniência em todo encontro. Digo essa conveniência, que o bom senso que não tem prevenção sabe bem apreciar. E se cometem faltas contra o costume, elas são bem remediadas; pois fica-se apegado às coisas assim como deveriam ser, para existir com grande perfeição. Noto também que, com esse discernimento, sabe-se tudo o que se passa em qualquer lugar que se encontre, sendo possível tirar grandes vantagens disso, em tudo o que concerne à vida. Vê-se bem sem ser muito esclarecido, pois, para fazer algo na sociedade, não há nada melhor do que se pôr junto daqueles que a governam, assim como, para ganhar uma pessoa que se ama, tudo depende de agradá-la e de se insinuar em seu coração. Mas os meios de se conseguir tudo isso não são facilmente percebidos e, mesmo que se chegasse a conhecê-los, eles mudam a todo momento, e aqueles que serviriam hoje, prejudicariam amanhã. O discernimento os descobre e sabe empregá-los segundo os encontros. Quanto mais se tem esse espírito, mais se é hábil na sociedade e mais se é excelente em todo o tipo de conversas.

Depois de tudo, é necessário ter confiança nas coisas que se apresentam, para fazê-las bem e à vontade. Pois sentimo-nos animados quando esperamos vencer ou alcançar nosso objetivo. Entretanto, é bom imaginar que há necessidade de tudo, não deixando nada de reserva. Por mais excelente que seja um artesão que negligencia a si mesmo, apenas raramente fará obras-primas. Não é necessário que a confiança nem o afã apareçam muito, pois a confiança atrai a inveja, e o afã leva a pensar que não se poderia ir mais além.

Sobre o quê, cuido que a maior parte daqueles que são valentes no perigo, são tímidos na sociedade; e que aqueles que são ousados na sociedade, são temerosos nos perigos. O que, de ordinário, se dá assim, pois a honra é uma das principais causas da alta bravura, e quanto mais se tem honra quando se está na sociedade, mais se ficará desolado de dizer algo, de fazer algo que possa prejudicar a reputação. Do que decorre que os mais valentes são, com bastante freqüência, os mais contidos, e os mais modestos em um comércio tranqüilo; e aqueles que são sempre prudentes no exército, como não têm muita glória, não temem perder a estima que ela dá; e é isto que lhes faz ter esta segurança, e que chega a torná-los insolentes em uma ocasião pacífica. Falo apenas daqueles que são obrigados a bater-se.

Seja como for, parece-me que em tudo o que se empreende de mais perigoso, e de mais difícil, é necessário ter resolução de sobra ou não se arriscar. Alexandre tinha discursado diante de seus soldados amotinados; e vendo que continuavam a resmungar, e faziam um grande barulho com suas armas, lançou-se entre eles tão altivamente, que nenhum ousou se defender, nem murmurar e os mais sediciosos se deixaram entregar aos seus guardas. Isso se mostra verdadeiro também em outras coisas da sociedade, principalmente no gracejo e nas maneiras galantes; *** só é tolerado em suas frias bufonarias, por ter uma cara dura. Quando faz uma brincadeira, ainda que seja repudiado com um extremo desgosto, não deixa de recomeçar com tanta ousadia quanto se tivesse dito algo de muito agradável, e por sua constância triunfa sobre a delicadeza das damas que enfim são constrangidas a rir. E no que concerne à galantaria, o que fez o duque de Buckingham não parece mau.

Houve um grande baile no Louvre, no qual a rainha reuniu tudo que havia de mais agradável e de mais galante entre as damas, que naquela noite arrumaram-se primorosamente. Os homens também nada haviam esquecido do que lhes podia ser mais vantajoso. De modo que não se pode imaginar uma reunião mais bela e mais esplêndida. E não havia nenhum atavio que lembrasse, por pouco que fosse, os do teatro, que não estivesse à moda. Não obstante, o duque de Buckingham se apresentou vestido ao modo persa, com um chapéu de veludo todo coberto de plumas e pedrarias, e calças tão arregaçadas que deixavam ver não somente todas as formas de suas pernas que eram belas, mas também muito acima dos joelhos. Essa invenção era bem ousada e bem duvidosa, sobretudo em uma corte estrangeira, em que tanta gente poderosa e grandes senhores, que o invejavam, procuravam apenas fazê-lo cair no ridículo. Contudo, o duque soube tão bem sustentar sua entrada, e dançou com tanta distinção, que as damas que de início riam para escarnecer dele, riam ao fim do baile apenas para agradá-lo, e com sua vestimenta estranha e surpreendente, ele ofuscou a moda francesa, e os mais galantes da corte.

Conversações sobre diversos assuntos
Madeleine de Scudéry

Madeleine de Scudéry (1607-1701)

Abre seu salão em Paris por volta de 1650. Escreve romances de sucesso, como *Ibrahim* (1641); *Le grand Cyrus* (1649-53), *La Clélie* (1654-60), mas é ainda maior a receptividade das quatro séries de *Conversations*, que escreve entre 1680 e 1688, a partir de excertos dos romances anteriores. O texto apresentado nesta antologia faz parte delas.

Da conversação

Uma vez que a conversação é o laço da relação de todos os homens, o maior prazer da gente de bem, e o meio mais comum de introduzir, não somente a polidez na sociedade, mas ainda a moral mais pura e o amor à glória e à virtude, parece-me que a companhia não pode conversar de modo mais agradável ou útil, disse Cilenie, do que examinando aquilo que se chama conversação. Pois quando os homens falam unicamente pela necessidade de seus negócios, isto não pode se chamar assim. De fato, disse Amílcar, um advogado que fala de seu processo aos juízes, um mercador que negocia com um outro, um general de exército que dá ordens, um rei que fala de política em seu conselho; nada disso deve ser chamado de conversação. Todas essas pessoas podem certamente falar de seus interesses e de seus negócios, e não ter o agradável talento da conversação, que é o mais doce encanto da vida, sendo talvez mais raro do que se crê. – De minha parte, não duvido nem um pouco disso, retomou Cilenie, mas me parece que antes de bem definir no que consiste principalmente o encanto e a beleza da conversação, seria necessário que todas as pessoas que compõem a companhia se lembrassem das conversações aborrecidas que mais as importunaram. – Tendes razão, disse Cerinte. Pois, notando tudo o que aborrece, será possível conhecer melhor o que diverte; e dou como exemplo disso, acrescentou ela, a visita de família que fiz ontem, que me deixou tão aborrecida, que pensei que morreria de tédio. Com efeito, imaginai que eu me encontrava em meio a dez ou doze mulheres que não falavam de outra coisa senão de cada pequeno cuidado doméstico, das falhas de seus escravos, das boas qualidades, ou dos vícios de seus filhos; e houve uma mulher, entre outras, que empregou mais de uma hora a repetir sílaba por sílaba os primeiros balbucios de um filho dela, de apenas três anos. Assim sendo, julgai se não passei meu tempo de uma maneira lastimável. – Asseguro-vos, replicou Nicanor, que não o passei melhor que vós, pois, sem querer, me vi envolvido com um cortejo de mulheres que podeis facilmente adivinhar, que empregaram um dia inteiro apenas para falar bem ou mal de suas roupas, e a mentir continuamente sobre o preço que haviam custado. Pois umas, por vaidade, diziam muito mais do que era necessário, pelo que me disse a menos desatinada de todas; e as outras, para se fazerem de habilidosas, diziam muito menos. De modo que, por ter passado todo o dia a ouvir apenas coisas muito baixas e de tão pouco espírito, estou ainda um pouco aborrecido. – No meu caso, retomou a bela Athis, me encontrei há quinze dias com algumas damas que, ainda que tivessem espírito, me importunaram extraordinariamente. Pois enfim, para dizer as coisas como são, trata-se de mulheres galantes por profissão, que têm ao menos cada uma um afazer, e um afazer que as ocupa de tal modo, que não pensam em outra coisa. De sorte que, quando não se participa de suas intrigas, não se envolvendo nelas, fica-se muito embaraçado, o que também as embaraça muito. Com efeito, enquanto estive com aquelas de que falo, eu as ouvi falar o tempo todo sem entender o que diziam. Pois havia uma à minha direita, que falava a uma outra ao seu lado, que sabia de boa fonte que fulano havia rompido com sicrana, e que sicrana havia reatado com fulano; e havia uma outra à minha esquerda que, falando emocionada a uma dama de companhia de suas amigas, dizia-lhe os maiores desatinos do mundo. "No final das contas, dizia-lhe com pesar, aquela que sabeis não deveria se vangloriar de ter-me roubado um cavalheiro, uma vez que apenas tem aquele que crê ter arrancado de mim, pois eu o dispensei. Mas se me der vontade, eu o chamarei de volta, e farei de modo que ela não o terá nunca mais." Em outra parte da sala havia algumas que contavam sobre uma colação que havia sido concedida: dizendo afetada e diligentemente que não era grande coisa, como se estivessem persuadidas de diminuir a beleza da dama que as havia recebido, dizendo que seu amante não era bastante magnífico. Enfim, confesso-vos que nunca senti tanta impaciência quanto naquele dia. – De minha parte, replicou Cilenie, se eu estivesse em vosso lugar, teria inventado um meio de me divertir à custa daquelas que me aborreciam: mas não vi como não me aborrecer, há três dias, com um homem e uma mulher cuja conversa girava em torno de duas coisas: das genealogias inteiras das casas de Mitilene; e de todos os bens das famílias. Pois, afinal, a não ser em certas ocasiões particulares, que divertimento pode haver em se ouvir dizer durante todo um dia: Xenócrates era filho de Tryphon, Clidene provinha de Xenófanes, Xenófanes era oriundo de Tirteu, e assim por diante. E que divertimento pode haver ainda em se ouvir dizer que uma certa casa pela qual vós não tendes nenhum interesse, na qual nunca fostes, e na qual jamais ireis, foi construída por fulano, comprada por sicrano, trocada por um outro, e que no presente é possuída por um homem que não conheceis? – Isto, sem dúvida, não é muito agradável, replicou Alcé, mas ainda não é tão incômodo quanto encontrar pessoas que têm alguma ocupação enfadonha, e que não podem falar de outra coisa. Com efeito, encontrei, há algum tempo, um capitão do mar que achava que Pittacus devia recompensá-lo com uma nau. Tomou-me três horas não somente para me contar as razões que achava ter para ser recompensado, como também o que se lhe podia responder, e o que ele podia replicar; e para me fazer entender melhor a perda que se lhe desejava causar, ele se pôs a me dizer em detalhe o quanto lhe havia custado seu navio. Para isso, disse-me os nomes daqueles que o tinham construído, nomeou todas as partes de sua nau uma após a outra, sem que houvesse necessidade disso, para me fazer entender que era uma das melhores e das mais caras, e que pretendiam fazer-lhe uma grande injustiça. – É verdade, disse Amithone, encontrar essa espécie de gente é um grande aborrecimento. Mas para dizer a verdade, as conversações graves e sérias, nas quais nenhuma jovialidade é permitida, têm alguma coisa de tão acabrunhadora, que sempre me leva a ter dores de cabeça. Pois fala-se ali sempre num mesmo tom. Não se ri nunca, ficando-se tão circunspecto quanto nos templos. – Estou de acordo com o que dissestes, retomou Athis; mas digo, para a vergonha de nosso sexo, que os homens levam uma grande vantagem sobre nós na conversação; e para prová-lo, apenas devo dizer à companhia que tendo ido à casa de Lysidice, eu a encontrei nos aposentos de sua mãe, onde havia uma quantidade tão grande de mulheres, que tive dificuldades para encontrar algum lugar ali, mas não havia nem um único homem. Não saberia vos dizer como aquelas damas tinham o espírito transtornado aquele dia, embora houvesse algumas muito espirituosas. Mas sou obrigada a confessar que a conversação não foi muito divertida. Pois enfim falou-se praticamente apenas de bagatelas aborrecidas: e posso dizer que nunca ouvi falar tanto, para se dizer tão pouco. Mas encontrando-me junto a Lysidice, pude facilmente notar o desgosto em que estava. É verdade que o notei com prazer, já que a fez dizer cem coisas agradáveis. Quando ela já estava muito aborrecida com esta conversação tumultuada que ia tanto contra sua inclinação, chegou um de seus parentes. Mas o que houve de notável foi que, embora este homem não tivesse um desses espíritos elevados tão raramente encontrados, sendo apenas do nível comum da gente de bem, a conversação mudou imediatamente, tornando-se mais regrada, mais espirituosa, e mais agradável, ainda que não tivesse havido nenhuma mudança na companhia, a não ser a chegada de um homem que nem mesmo falou muito. Mas enfim, sem que vos possa dizer a verdadeira razão disso, começou-se a falar de outra coisa, a falar-se melhor: e as mesmas pessoas que me aborreciam, assim como a Lysidice, me divertiram ao extremo. Entretanto, toda essa companhia tendo ido embora, fiquei a sós com Lysidice. Tão logo ela se viu em liberdade passou de seu humor soturno ao seu humor jovial: – Então, Athis!, disse-me ela, ainda me condenais por preferir a conversação dos homens à das mulheres? E não sois obrigada a confessar que quem escrevesse tudo o que dizem quinze ou vinte mulheres reunidas faria o pior livro do mundo? – Confesso, disse-lhe rindo, que se tudo que ouvi hoje fosse colocado por escrito, daria um discurso singular. – De minha parte, disse ela, há dias em que me irrito tanto com meu sexo, que me desespero por pertencer a ele, principalmente quando me encontro em alguma dessas conversações inteiramente compostas de roupas, móveis, pedrarias e outras coisas semelhantes. Não é, acrescentou ela, que eu pretenda que nunca se possa falar disso. Pois, afinal, algumas vezes estou bastante bem penteada e fico contente que isto me seja dito; e minhas roupas são algumas vezes também tão belas e tão bem feitas que merecem ser louvadas. Mas quero que se fale pouco de coisas como essas, e que se fale delas galantemente, e como que de passagem, sem afã e sem aplicação, e não como fazem certas mulheres que conheço, que passam toda a vida a falar apenas disso, e a não pensar em outra coisa e que chegam a pensar nisso com tanta irresolução, que creio que ao fim de seus dias não terão ainda determinado em seu espírito se o escarlate lhes fica melhor do que o azul, ou se o amarelo lhes é mais vantajoso que o verde. Confesso que o discurso de Lysidice me fez rir, e o achei tanto mais divertido por realmente existir uma dama de meu conhecimento que emprega todo o seu espírito apenas em semelhantes coisas; que fala apenas delas; e que faz com que sua maior glória consista em tudo o que a cerca, isto é, na douradura de seu palácio, na magnificência de seus móveis, na beleza de suas roupas, e na riqueza de suas pedrarias. Portanto, após ter rido do que Lysidice dizia, quis defender a causa das mulheres em geral e lhe dizer que estava persuadida de que havia o mesmo tanto de homens e damas cuja conversação era pouco agradável. – Há, sem dúvida, retomou ela, alguns cuja conversa é insuportável. Mas tem-se a vantagem de se poder livrar deles mais facilmente e não há a obrigação de ter uma civilidade tão pontual com relação a eles. Mas, Athis, não é disso que se trata. Pois aquilo que vos disse é que as mulheres mais amáveis da sociedade, quando se reúnem em um grande número, e não havendo homens, praticamente nunca chegam a dizer algo que valha e se aborrecem mais do que se estivessem a sós. Mas para os homens que são realmente gente de bem, o mesmo não ocorre. Sua conversação é, sem dúvida, menos jovial quando não há damas do que quando as há. Mas, ordinariamente, embora seja mais séria, não deixa de ser ponderada, e eles têm mais facilidade de se abster de nossa presença do que nós da deles. Contudo, isso me causa um despeito que não vos saberia dizer. – De minha parte, repliquei, parece-me que poderia viver sem me aborrecer, se visse tão-somente minhas amigas, desde que fossem todas como Lysidice. – Eu vos direi, se desejais, replicou ela, para responder à vossa civilidade, que também não me aborreceria se todas as minhas fossem como vós. Mas é necessário ainda aí acrescentar: uma vez que as visse apenas uma a uma, duas a duas, ou três a três no máximo. Pois se tivesse de vê-las doze a doze, preferiria antes não ver ninguém. Sim, prosseguiu ela, com a tristeza mais divertida do mundo, se houvesse doze Athis no mundo, não gostaria de vê-las todos os dias, todas juntas, se não houvesse dois ou três homens. Pois embora jamais tenhais dito algum despropósito, estou certa de que, se fôsseis doze, vós o diríeis; ou ao menos diríeis, como os outros, certas coisas que não querem dizer nada e que tornam a conversação tão lânguida e tão aborrecida. Enfim, prosseguiu ela, o que desejais que eu diga, senão que se não fôsseis tão dissimulada, seríeis obrigada a confessar que há um não sei quê, que não sei como exprimir, que faz com que um homem de bem cause maior gozo e diversão a uma companhia de damas, do que a mulher mais amável da terra o poderia fazer. Digo ainda mais, acrescentou ela. Pois sustento que, quando há apenas duas mulheres juntas, se não há amizade entre ambas, elas se divertirão menos do que o fariam se falassem cada uma com um homem de espírito, que jamais tivessem visto. Depois disso, julgai se não tenho razão de murmurar contra meu sexo em geral. – Essas conversações são, sem dúvida, muito incômodas, retomou Amílcar. Mas há uma espécie delas que me importuna ainda mais extraordinariamente. Com efeito, me encontrava um dia em Siracusa, com cinco ou seis mulheres, e dois ou três homens, que colocaram na cabeça que para tornar a conversação agradável é necessário rir eternamente. De modo que, enquanto essas pessoas estão juntas, não fazem senão rir de tudo o que falam umas às outras, mesmo que não seja tão divertido. E fazem tanto barulho que, com freqüência, não entendem mais o que dizem e riem então somente porque os outros riem, sem saber a razão. Contudo, fazem-no com tão boa vontade quanto se soubessem do que se trata. – Mas o estranho é que efetivamente a risada deles algumas vezes é tão contagiosa que não seria possível evitar pegar sua doença; e, um dia, encontrei-me com esses eternos folgazões, que me inspiraram tanto com seu riso, que ri praticamente às lágrimas sem que soubesse por que ria. Mas, para dizer a verdade, tive tanta vergonha um quarto de hora depois, que passei num instante do gozo à tristeza. – Embora certamente seja um desatino rir sem motivo, retomou Valérie, ainda assim não ficaria tão embaraçada de me achar com este tipo de gente, do que de me encontrar com pessoas cuja conversação não passa de uma longa narração lastimável e funesta, extremamente aborrecida. Pois, enfim, conheci uma mulher que sabe todas as aventuras trágicas e que passa dias inteiros a deplorar as desgraças da vida e a contar coisas lamentáveis com uma voz triste e langorosa, como se fosse paga para chorar por todas as desgraças do mundo. – Detenhamo-nos um pouco mais, disse Plotino, no defeito das longas narrações. Pois, a meu ver, é preciso evitar acostumar-se a contar histórias continuamente, como alguns que conheço que falam apenas do passado, e contando sempre o que viram não dizem nada do que vêem. – É verdade, retomou Amílcar, que os eternos contadores de histórias devem ser algumas vezes muito temidos. Há alguns que são confusos; outros muito demorados; alguns são tão aborrecidos, que jamais querem ser interrompidos; outros ao contrário interrompem a si mesmos e ao fim não sabem nem o que disseram, nem o que queriam dizer. Mas aqueles que contam coisas sobre as quais não há interesse, e que não são agradáveis por elas mesmas, são os mais incômodos de todos os contadores de histórias. – Sei ainda de uma casa, retomou Cerinte, na qual a conversação é bem importuna. Pois ali contam-se apenas novidades de vizinhança, nas quais as pessoas da corte levadas ali pelo acaso não têm o menor interesse e das quais não entendem nada; e sei bem disso, pois um dia ouvi falar de cem pequenas intrigas, que não me interessavam em nada e cuja repercussão não ia além da rua em que tinham ocorrido, e ademais, eram tão pouco divertidas nelas mesmas, que muito me aborreci. – Trata-se ainda de um suplício muito grande, retomou Nicanor, encontrar-se em uma companhia grande na qual cada um tem um segredo, principalmente quando não se tem nenhum e não há nada a fazer senão escutar o burburinho feito por aqueles que conversam falando baixo. Ainda se houvesse verdadeiros segredos, acrescentou ele, eu teria paciência, mas, com muita freqüência, essas coisas ditas com tanto mistério não passam de bagatelas. – Sei ainda de outras pessoas, acrescentou Alcé, que, a meu ver, têm algo de irritante, embora também tenham algo de agradável. Pois têm a tal ponto, em sua mente, a fantasia de grandes novidades, que jamais falam senão por conta de batalhas, de um cerco de alguma cidade considerável ou de alguma revolução do mundo; e diríamos, ao ouvi-los, que os deuses mudam a face do universo apenas para fornecer-lhes matéria de conversação. Pois salvo sobre essas grandes e importantes coisas, não falam, e não podem suportar nenhum outro assunto. De sorte que a menos que se tenha base para argumentar sobre política, e que se saiba com exatidão a história, não há do que se possa falar com eles. – É verdade, retomou Nicanor, que o que dizeis não é sempre agradável. Mas essas outras pessoas, que, sem se preocupar com questões gerais do mundo, querem saber apenas das novidades particulares das quais se acaba de falar, têm também algo de incômodo. Pois vós os vedes sempre tão ocupados como se tivessem mil afazeres, embora a única natureza desses consista em conhecer todos os afazeres dos outros, para irem repeti-los de casa em casa, como espiões públicos que servem tanto a fulano como a sicrano, pois dizem a fulano as novas de sicrano, segundo a ocasião se lhes apresente, sem que tirem qualquer vantagem disso. Assim, não querem nem mesmo saber das coisas para sabê-las, mas somente para repeti-las. – Trata-se ainda de um grande defeito, disse Cerinte, querer mostrar todo o seu espírito; e conheço um homem que, desde as primeiras visitas que faz aos lugares em que quer agradar, passa continuamente de um assunto a outro, sem nunca aprofundar nada, e posso assegurar sem exagero que em uma hora eu o ouvi falar de todas as coisas das quais se podia falar, uma vez que não somente ele contou tudo o que se passava na corte, mas disse tudo o que se passava na cidade. Em seguida, falou de tudo o que havia feito naquele dia. Chegou a contar o que fora dito nos lugares em que tinha estado, e perguntou a Arpasie o que ela havia feito. Depois, entrou em guerra com Melinte por seu silêncio, falando em seguida de música e de pintura. Propôs diversos passeios e disse tantas coisas diferentes, que um homem da companhia, reparando nessa grande diversidade, fez com que os outros também a observassem, com intenção de louvá-lo. – Pois enfim, disse ele, após ter feito com que isso fosse notado, não há nada mais aborrecido do que se encontrar em conversação com esse tipo de gente, que se prende à primeira coisa de que se fala e que a aprofundam de tal modo que em todo o jantar jamais se muda de discurso. Pois, como a conversação deve ser livre e natural, e que todos aqueles que formam a companhia têm igual direito de mudá-la como bem lhes aprouver, é uma coisa importuna encontrar essa gente teimosa, que não deixa nada a se dizer sobre um assunto, e que retorna sempre a ele por mais cuidado que se tenha em interrompê-la. – De minha parte, disse Cilenie, fico bastante embaraçada por vos ouvir falar assim. Pois, enfim, se não é bom falar sempre de ciência tal qual Damophilo; se é aborrecido conversar sobre cada pequeno cuidado de uma família; se não é adequado falar de roupas; se é pouco judicioso falar apenas de intrigas de galantaria; se é pouco divertido falar apenas de genealogias; se é muito baixo conversar sobre terras vendidas ou trocadas; se até mesmo é proibido falar muito de suas próprias ocupações; se coisas de maior gravidade não são divertidas na conversação; se é um desatino rir com muita freqüência e rir sem motivo; se as narrações das coisas funestas e extraordinárias não agradam; se as pequenas novidades da vizinhança aborrecem aqueles que não têm nada a ver com elas; se essas conversações sobre pequenas coisas que são ditas apenas ao pé do ouvido são importunas; se essa gente que conversa apenas de novidades de gabinete estão erradas, do que então se deve falar? E do que a conversação deve ser formada, para ser bela e ponderada? – É necessário que exista ali tudo o que dissemos, replicou agradavelmente Valérie, sorrindo. Mas é preciso que seja conduzida pelo juízo. Pois, enfim, embora todas as pessoas de que falamos sejam incômodas, sustento entretanto, resolutamente, que é possível falar apenas daquilo que elas falam e que é possível falar agradavelmente, embora elas não o falem. – Compreendo bem que o que Valérie diz é verdade, replicou Amílcar, ainda que não o pareça inicialmente. Pois estou de tal modo persuadido de que todo tipo de coisas pode vir a propósito na conversação, que não excluo nenhuma. – Com efeito, acrescentou Valérie, não se deve de modo algum imaginar que existam coisas que jamais possam caber ali. Pois é verdade que há certas reuniões, nas quais vem a propósito dizê-las, mas que seriam ridículas em qualquer outra ocasião. – De minha parte, disse Amithone, confesso que gostaria muito que existissem regras para a conversação, assim como as há para muitas outras coisas. – A regra principal, retomou Valérie, é jamais dizer alguma coisa que fira o juízo. – Mas ainda, acrescentou Nicanor, desejaria saber mais precisamente como vós concebeis que deva ser a conversação. – Concebo, retomou ela, que no falar em geral, ela deva versar com mais freqüência sobre coisas comuns e galantes do que sobre grandes coisas. Mas concebo, entretanto, que não há nada que não possa caber ali; que ela deve ser livre e diversificada, segundo os momentos, os lugares, e as pessoas com quem se está; e que o segredo é falar sempre nobremente das coisas baixas, e bastante simplesmente das coisas elevadas, e muito galantemente das coisas galantes, sem ansiedade, e sem afetação. Assim, embora a conversação deva ser sempre igualmente natural e ponderada, não deixo de dizer que há ocasiões nas quais mesmo as ciências podem entrar de bom grado ali e nas quais os agradáveis desatinos também podem encontrar o seu lugar, contanto que sejam engenhosos, modestos e galantes. De modo que, para falar ponderadamente, pode-se assegurar, sem mentira, que não há nada que não se possa dizer na conversação, contanto que se tenha espírito e juízo; e que se considere bem onde se está, com quem se fala e quem se é. Contudo, embora o juízo seja absolutamente necessário para nunca se dizer despropósitos, é necessário entretanto que a conversação pareça tão livre que se dê a entender que ninguém rejeita nenhum de seus pensamentos, e que se diga tudo o que vem à fantasia, sem ter nenhuma intenção declarada de falar mais de uma coisa que de outra. Pois não há nada mais ridículo do que essa gente, que em certos assuntos diz maravilhas e que fora deles diz apenas tolices. Assim, quero que não se saiba nunca o que se deve dizer e que, entretanto, saiba-se sempre bem aquilo que se diz. Pois agindo assim, as mulheres não se mostrarão despropositadamente eruditas, nem ignorantes em excesso, e cada um dirá apenas o que se deve dizer para tornar a conversação agradável. Mas o mais necessário para torná-la amena e divertida é ter um certo espírito de polidez que possa banir totalmente todos os motejos agressivos, assim como todos aqueles que podem, por pouco que seja, ofender o pudor. E desejo, enfim, que se saiba muito bem a arte de desviar a direção das coisas; que se possa dizer um galanteio à mais severa mulher da sociedade; que se possa contar agradavelmente uma bagatela a gente grave e séria; que se possa falar a propósito de ciências aos ignorantes quando se é forçado a isso; e que se possa, enfim, mudar o espírito segundo as coisas de que se fala, e segundo a gente com quem se conversa. Mas, além de tudo o que acabo de dizer, desejo ainda que exista um certo espírito de alegria que reine ali, que sem ter nada do desatino dos eternos folgazões, que fazem um barulho tão grande por tão pouca coisa, inspire entretanto no coração de todos aqueles da companhia uma disposição para se divertir com tudo, e para não se aborrecer com nada; e desejo que se digam grandes e pequenas coisas, contanto que sejam ditas sempre da maneira correta; e que sem que haja nenhuma regra, fale-se entretanto apenas daquilo que se deve falar. – Enfim, acrescentou Amílcar, sem vos dar ao trabalho de falar ainda mais da conversação, para definir suas leis, basta admirar a vossa, e agir como agis, para merecer a admiração de toda a terra. Pois vos asseguro que não seria contrariado por ninguém se dissesse que jamais ouvi de vós algo que não fosse agradável, galante, e judicioso; e nunca existiu alguém que soubesse tão bem quanto vós a arte de agradar, encantar, e divertir. – Gostaria muito, replicou ela, enrubescendo, que tudo que dissestes fosse verdadeiro; e que eu pudesse crer em vós mais do que em mim. Mas para vos mostrar que não o posso, e que sei que freqüentemente erro, declaro sinceramente que bem percebo que acabei por falar muito e que, em lugar de falar tudo o que concebo da conversação, deveria ter me contentado em dizer de toda a companhia aquilo que acabastes de dizer de mim. Depois disso, passamos todos a elogiar, cada um por sua vez, a modéstia de Valérie, e fizemos a ela tantos louvores, que pensamos que iríamos enraivecê-la; e prosseguimos numa conversação tão galante e jovial, que ela durou quase até a noite, quando esse belo cortejo se separou.

Reflexões sobre a elegância e a polidez do estilo

Jean-Baptiste Morvan de Bellegarde

Jean-Baptiste Morvan de Bellegarde (1648-1734)

De origem nobre, entra cedo para o colégio da Companhia de Jesus, em Paris. Deixa os jesuítas ao cabo de dezessete anos e, até retirar-se para o Convento dos Salesianos, escreve uma longa obra, tanto religiosa, quanto profana. O texto aqui publicado é de 1695.

Expressões delicadas

As regras e os preceitos não são de grande ajuda para se aprender a falar delicadamente, se a natureza não concorrer para isso. A delicadeza de que falo é menos o efeito da arte do que de uma imaginação viva e venturosa, que sem se esforçar encontra termos apropriados para exprimir aquilo que se pensou; mas, para falar delicadamente, é necessário pensar delicadamente. A maioria das mulheres de qualidade que têm muito espírito e freqüentam a sociedade falam com delicadeza, e embora não inventem palavras novas, colocam tão bem os termos de que se servem, que eles parecem inteiramente novos e feitos especialmente para significar o que elas querem dizer. Elas exprimem todo um sentimento em uma única palavra, e deixam ainda mil coisas agradáveis a adivinhar; é nisso que consiste a delicadeza da expressão. Ela não consiste de modo algum em palavras grandiosas, em um longo agrupamento de palavras harmoniosas, em frases muito rebuscadas; é necessário não sei quê de natural, de desenvolto, de simples, de ingênuo, de fácil, mas vivo e engenhoso. As cartas de Voiture estão repletas de expressões delicadas; a maneira pela qual ele se exprime parece tão desenvolta e tão natural, que à sua leitura fica-se persuadido de que é fácil atingir a mesma forma. Apenas pela reflexão sobre o que há de fino e delicado é que se descobre a dificuldade de se exprimir com a mesma felicidade.

Embora não se possa aprender pelas regras a falar delicadamente, não deixarei de citar vários exemplos de expressões que me parecem delicadas, a fim de que sirvam de modelos. Um excelente autor, para dizer que um rei dos romanos só com muito esforço conseguiu obrigá-los a renunciar a uma vida cômoda, a fim de acostumá-los às fadigas da guerra, exprimiu-se delicadamente desta maneira: "Tullus Hostilius teve dificuldades para tirar os homens de um divertimento ameno a fim de amoldá-los à disciplina militar."[1] *Tirar os homens de um divertimento ameno* é o que chamo de uma expressão delicada.

A vida da maior parte da sociedade é apenas um comércio de cumprimentos e adulações, cada um louva para receber louvores. *Um comércio de cumprimentos e adulações* está dito em lugar de que todos se esmeram no ofício de adular. As considerações do senhor Vaugelas *têm um encanto e uma beleza* não encontrados em muitos livros cuja matéria não é nem árida, nem espinhosa. As obras do autor que se exprimiu desse modo[2] são uma rica fonte de expressões delicadas, e todos aqueles que querem falar e escrever corretamente podem seguramente tomá-lo por modelo.

....
1. Nota marginal: "S. Évremond". Cf. *Oeuvres mêlées*, oitava parte, "Réflexions sur les divers génies du peuple romain dans les divers temps de la république". Texto da edição *O.M.*, Barbin de 1689 (p. 50).
2. Nota marginal: "O Padre Bouhours, jesuíta".

Uma paixão tranqüila cai por fim na indolência; ele me amará com mais ardor, quando sentir-se mais alarmado. Trata-se de exprimir delicadamente que um amor contente se enfraquece e que o ciúme o desperta. *Ele me acostumou logo cedo aos seus caprichos* falando de um marido incômodo, que não se esforçou muito tempo para esconder seu mau humor. O que faz a delicadeza dessa expressão, é que ela é muito sucinta, e deixa muito a adivinhar. *Ele tem uma tola ternura por suas obras.* Parece-me que esta expressão designa bastante bem o caráter de um autor obstinado, que se encanta com tudo o que faz. Deixai que as outras se arruínem comprando pedrarias. *A natureza não mediu gastos convosco*[3]. Há um certo ar de afetação nesta frase, mas ela não deixa de exprimir, delicadamente, que uma bela mulher não tem grande necessidade de se adornar.

Há uma distância tão grande entre nossas condições, que tenho motivos para crer que me vedes apenas como um *divertimento*. A pessoa que fala desse modo não diz grosseiramente o que pensa; a idéia a que o termo *divertimento* está ligada é baixa, mas a expressão eleva o pensamento e o envolve de uma maneira que não macula a imaginação, embora a coisa não seja honesta em si mesma; o rodeio faz a delicadeza da expressão.

A sociedade está repleta de pessoas que julgam em favor de seu próprio mérito. Para dizer que se louvam sem cerimônia, e que se incensam. *Preencher o vazio do tempo*[4]. Para saber se ocupar. *Um pouco de altivez em*

....
   3. Nota marginal: "S. Évremond", na Carta à Senhora duquesa de Mazarin, publicada na ed. Barbin de 1689 com o título Lettre à M***, pp. 431-6.
   4. La Bruyère, *Du mérite personnel*, § 12 (*Caractères*).

nada atrapalha, e assenta bem àqueles que têm mérito[5]. Não é muito necessário exortar as pessoas a ter altivez, pois freqüentemente elas a têm sem nenhuma razão. *As que tinham passado da primeira juventude, e que faziam profissão de uma virtude mais austera*[6]. Falando de certas mulheres que se fazem de pudicas, quando não são mais nem belas, nem jovens, e, não estando em condições de agradar, querem ao menos dominar.

Seu zombar era delicado e ele o conduzia de uma maneira tão fina, que, qualquer sátira que fizesse, os interessados bem longe de se ofenderem riam eles próprios do ridículo que ele os fazia ver em si mesmos. É de Molière, que o senhor de S. Évremond fala desse modo; este retrato é vivo e fiel.

Ele tem um mau humor capaz de envenenar todas as alegrias da sociedade[7]. Falando de certas pessoas estranhas e desgostosas, que não se saberia como tratar e que estragam todas as festas. *Há males que o silêncio azeda*[8]. Para dizer que as dores aumentam, e que os males redobram, ao serem escondidos. *No momento de repouso a tranqüilidade lhe era enfadonha, se, por assim dizer, ele não a animasse com algo importante*[9]. Trata-se certamente de exprimir que Alexandre desejava estar sempre agitado, mesmo nos momentos de lazer e de repouso.

....

5. Cf. Morvan de Bellegarde, *Réflexions sur le ridicule et les moyens de l'éviter*, "De l'impértinence" (pp. 226-7 in ed. Guignard de 1698).

6. Semelhança com uma passagem do Prefácio de *Tartufo* relativa aos filósofos da Antiguidade.

7. Cf. *Réflexions sur le ridicule...* do abade, "De l'esprit chagrin" (ed. 1698, p. 198).

8. Cf. *Psyché*, de Molière, encenada em 1671.

9. Cf. St-Évremont, *Oeuvres mêlées*, quinta parte, "Iugement sur Alexandre et César" (p. 116 in *O.M.*, Barbin de 1689).

Reflexões sobre a elegância e a polidez do estilo

O estudo sem moderação engendra uma aspereza no espírito e deforma todos os seus sentimentos. É necessário que a conversação de nossos amigos, e das pessoas polidas, depure-o e endireite[10]. A experiência justifica bastante a verdade desta consideração; aqueles que mais sabem grego e latim são, de ordinário, pessoas muito descorteses, a menos que o comércio da sociedade lhes dê uma certa tintura de polidez, que não se aprende pela leitura de livros repletos de uma erudição profunda.

A prosperidade de que os celerados gozam algumas vezes leva as pessoas de bem a murmurar; mas, para se consolarem, não têm senão que levantar este véu, a fim de escrutar as sinuosidades do coração dos ímpios, sua perturbação, seus remorsos, os desgostos que os devoram e que os impedem *de sentir toda a delicadeza dos prazeres*[11].

O comércio que tinha com Deus não o tornava mais altivo; *ele se acomodava aos caprichos de um populacho grosseiro e bem pouco polido*[12]. É desse modo que o tradutor dos Ofícios de Santo Ambrósio[13] pinta a habilidade de Moisés, que conduzia habilmente um povo estranho e grosseiro, do qual era obrigado a tolerar a todo momento as extravagâncias e os caprichos.

Este humor feroz em todos os vossos procedimentos imprime em vós um ar estranho[14].

....

10. *Oeuvres mêlées* de santo Évremont, segunda parte, "De l'étude et de la conversation", p. 104 na ed. Barbin de 1671.
11. Esta passagem e a próxima foram extraídas da obra *Les devoirs de l'honnête homme et du chrétien ou Les Offices de S. Ambroise*. Traduzidos pelo Sr. abade de Bellegarde. Em Paris, por Arnoul Seneuze (...), 1689. A primeira foi extraída do livro I, cap. XII, p. 44.
12. *Ibid.*, livro II, cap. VII, p. 249.
13. É de autoria do próprio abade de Bellegarde.
14. Cf. Molière, *Escola de maridos*, I, 1.

Esta expressão marca bem o caráter de um homem incômodo, e difícil de tratar, cujo humor sombrio e selvagem afasta todos aqueles com quem tem algum comércio. *Ele não quer me enganar, uma vez que nada tem de estudado diante de mim.* Para dizer que ele não se esconde de mim, que age sem mistério e sem cerimônia, e que não toma nenhuma precaução para se disfarçar.

Euthymo e Theageno dizem coisas bastante divertidas, quando o assunto o exige; *entretanto retornam sempre aos sentimentos ponderados*[15]. Os maiores homens podem cometer erros, *mas retornam incontinente ao seu caráter*[16]. Para dizer que seus desvios não têm longa duração, e que voltam incontinente ao dever.

Sua sombria inquietude,
não vê outro recurso senão o ofício de austera[17].

Parece-me que não se pode pintar melhor o desgosto dessas belezas já entradas em anos, que tomam o partido da austeridade por política, ou antes por uma espécie de desespero. *Os costumes dos moços se formam,* e adquirem insensivelmente uma certa tintura de probidade, no comércio que têm com gente de mérito.

As reflexões que fiz, sobre a inconstância da vida e o vazio das coisas humanas, são a *causa de eu não ficar mais tão tocado pelas mil coisas que divertem as pessoas da nossa idade. Ficar tocado por alguma coisa,* para dizer, *ter ardor e afã,* desejar, querer.

....
15. Outros dois exemplos que o abade tira de uma de suas obras, no caso, de *Réflexions sur ce qui peut plaire ou déplaire dans le commerce du monde*, Seneuze, 1688.
16. *Ibid.*, pp. 16-7, para a primeira parte da frase.
17. Molière, *Tartufo*, I, 1.

Reflexões sobre a elegância e a polidez do estilo

O que há de infeliz no mérito do espírito é que pouca gente o reconhece e que, neste pequeno número, encontra-se quem é apenas mediocremente tocado por ele[18]. Isto quer dizer que muita gente se importa bem pouco com os homens cultos e que, quando não há outro mérito senão aquele que a ciência, a erudição, e os talentos do espírito proporcionam, corre-se o risco de ser abandonado pela gente de certo caráter.

----

18. Saint Évremont, *Oeuvres mêlées*, sexta parte, "Avis et pensées sur plusieurs sujets", p. 18 in ed. Barbin de 1680.

Ensaios sobre diferentes assuntos de literatura e de moral
Abade Nicolas Trublet

Abade Nicolas-Charles-Joseph Trublet (1697-1770)
Freqüenta os salões das Senhoras de Lambert e de Tencin, já no período de Luís XV. Escreve, por vários anos, no *Journal des Savants*. Amigo dos jesuítas, tem reconhecimento restrito entre os *philosophes*. Entra para a Academia Francesa em 1761. O texto escolhido pertence aos *Essais sur différents sujets de littérature et de morale*, de 1735.

Da conversação

I

 Os homens estão em sociedade uns com os outros apenas pela comunicação mútua de seus pensamentos. A palavra, modificada de uma infinidade de maneiras, pela expressão do rosto, pelo gesto, pelos diferentes tons da voz, é o meio dessa comunicação.
 Qualquer outro meio não teria sido nem tão fácil, nem tão amplo. Eu falo, e no mesmo instante minhas idéias e meus sentimentos são comunicados para aquele que me escuta; toda minha alma passa de algum modo para a dele.
 A comunicação de meus pensamentos leva-o a ter novas idéias, que ele, por sua vez, me comunica. Daí surge um de nossos prazeres mais vivos; também através disso se ampliam nossos conhecimentos: esse comércio recíproco é a principal fonte da riqueza dos espíritos.
 É verdade que conversamos com os ausentes por meio da escrita, que também nos conservou os pensamentos até mesmo daqueles que se foram. Mas a arte de escrever, tal como a temos, está fundada na faculdade de falar, supõe-na, e deve-lhe seu nascimento. A escrita não

é o sinal imediato de nossas idéias, mas das palavras que as exprimem.

Por mais espírito que tivesse um homem nascido surdo e mudo, e por mais habilmente que tivesse sido instruído, só poderíamos lhe comunicar pela escrita uma parte muito pequena dos pensamentos que comunicamos tão facilmente uns aos outros pela palavra. Com muito mais razão, a arte de escrever, tal como homens nascidos surdos e mudos poderiam de algum modo estabelecer entre eles, seria muito imperfeita.

Todos os outros meios que poderiam ter sido utilizados na falta da palavra, como o gesto, e as outras demonstrações exteriores, conjugam-se com a palavra; ela não exclui nenhum deles; apóia-se, por assim dizer, em todos, e entretanto não chega a prover todas as nossas necessidades. Não há língua que não seja muito imperfeita; percebe-se isto todos os dias, e os melhores espíritos são aqueles que mais o percebem. A habilidade na língua em que querem se exprimir, a destreza no manejá-la, não compensam esta imperfeição. Não podem dizer tudo o que pensam precisamente como o pensam; não saberiam pela palavra dar uma imagem fiel de seus pensamentos; e os abandonam algumas vezes, por não poderem comunicá-los do modo que desejam. Na conversação, há mil ocasiões em que mais nos adivinhamos do que nos entendemos. A inteligência do ouvinte compensa a imperfeição do discurso; e pelo que se lhe diz, ele julga aquilo que se lhe quer dizer, ainda que não lhe seja dito sempre com exatidão.

Aquilo que se chama inteligência, penetração, freqüentemente nos ajuda menos a entrar nos pensamentos dos outros do que uma certa conformidade de espírito, de caráter, de gosto. As pessoas entre as quais a natureza estabeleceu esta semelhança, ou que ao menos em certo momento estão persuadidas da mesma opinião, afetadas pelo mesmo sentimento, entendem-se por meias palavras.

Dois homens de muito espírito, mas de uma conformação de espírito muito diversa, freqüentemente terão dificuldades para se entenderem mutuamente. O Sr. Arnauld, embora metafísico à sua maneira, não entendia o padre Malebranche, que ao mesmo tempo conseguia se fazer entender por pessoas muito inferiores ao Sr. Arnauld, mas cujos espíritos tinham mais analogia com o dele, assemelhando-se a ele, por assim dizer, como que em miniatura.

II

Os homens conversam uns com os outros pela necessidade ou pelo prazer.

Os povos não políticos, e entre os povos políticos as pessoas ocupadas, as pessoas de trabalho, não falam muito entre elas tendo em vista somente se divertirem. As necessidades da vida, os afazeres, são o assunto comum de seus discursos, mesmo no tempo que destinam ao divertimento. Um artesão com o copo na mão fala de seu trabalho; um mercador fala de seu comércio.

Dizem que os ingleses conhecem pouco este tipo de conversação, que se faz apenas pelo prazer. Naturalmente silenciosos, não olham esta característica como um defeito, e não se forçam a falar. A conversação freqüentemente enlanguesce e definha entre eles; e não crêem, como nós os franceses, que a polidez exige que ela seja reanimada e sustentada a qualquer preço, isto é, pelos discursos mais frívolos, e, algumas vezes, pelos menos sensatos, pois é aonde leva necessariamente a obrigação de falar, quando não há propriamente nada a dizer. Por aí contrai-se o hábito de dizer ninharias.

O francês fala mas não pensa, dizem os estrangeiros. Essa acusação talvez não seja sem fundamento; mas também não se deve fazer da conversação um estudo e banir dela tudo o que não é sério. Seria errado chamar de ninharias, de engenhosas bagatelas, uma galhofa sutil e leve.

É preciso confessar que os grandes faladores são comuns entre nós. Ora, embora um grande falador seja algumas vezes um homem de muito espírito em um certo sentido, raramente é um homem de espírito muito sólido.

Os franceses freqüentemente falam todos ao mesmo tempo quando estão juntos. Suas conversações são ruidosas. Em meio a um grupo de ingleses, ao contrário, pelo silêncio que reina, seria possível dizer que temem se distrair uns com os outros. Os franceses pelo barulho que fazem não se entendem; os ingleses não dizem uma palavra; o que dá praticamente no mesmo.

III

Um grande falador é um filho querido da natureza; ela lhe deu um dom bem apropriado para assegurar sua felicidade, e formou-o neste pretenso defeito, o mais fecundo recurso contra o tédio, que é um dos maiores males da vida.

Peço perdão à sociedade; algumas vezes desejei ter nascido um grande falador; e fui levado a invejar pessoas que tinham acabado de me aborrecer mortalmente.

Tenho pena de alguém aborrecido que me aborrece e gostaria muito de poder desaborrecê-lo; mas tenho dificuldade em impedir-me de conceber algum ressentimento contra um aborrecido que se aborrece tanto menos quanto mais me aborrece.

IV

Há um desprazer quase igual quando se está em conversação, ou antes em companhia, com grandes faladores, que na verdade têm espírito, mas aos quais devemos sempre escutar; ou com tolos, incapazes de nos entender, e de nos responder a propósito.

Quando se é entendido e apreciado, falar diverte mais do que escutar. Aquele que fala está sempre mais ocupado, mais agitado, do que aquele que escuta.

A vaidade tempera o prazer de falar, sendo um prazer conjunto do espírito e do coração; ao contrário, o prazer de escutar não passa de um prazer do espírito, não lisonjeia o amor-próprio, chegando a ter algo de humilhante.

A conversação nunca nos agrada tanto quanto com aqueles que têm um pouco menos de espírito do que nós.

Não é necessário que a boa companhia seja muito numerosa; não a podemos usufruir o suficiente; fica-se muito dividido, muito dissipado. Ao contrário, quando a má companhia é numerosa, não se sofre tanto; isto ao menos propicia variedade.

Mesmo a melhor companhia logo aborrece, quando se trata apenas de ouvir, e, algumas vezes, quando é numerosa, fica difícil encontrar uma ocasião para falar. Mas isso chega a ser uma vantagem quando a companhia não agrada. Um homem de espírito sofre e se aborrece menos em escutar tolos que conversam uns com os outros, do que em falar e responder a eles. Pode-se mesmo se dispensar de escutá-los: pode-se, sem sair do lugar, sumir de algum modo na multidão, quero dizer, retirar-se em si mesmo e pensar naquilo que se quer.

V

Apesar de todos os defeitos que são atribuídos aos franceses, é na França, e os estrangeiros equânimes o reconhecem, que se deve buscar o talento da conversação. Entre eles, é mais comum e mais estimado do que em qualquer outra nação. O mesmo temperamento que os faz amá-la, predispõe a nela sobressair. Eles falam com facilidade por efeito desta mesma vivacidade que, ao pesar sobre eles mesmos, leva-os a buscar a conversação para livrá-los desse fardo. Por isso ela é a principal ocupação de sua desocupada gente de bem.

O francês não saberia, tal como o espanhol mais tranqüilo e mais sério, manter uma solidão ociosa, contente, por assim dizer, consigo mesmo, feliz unicamente por descansar. Quando não tem nada para fazer, ele passa a procurar alguém que o entretenha, ou a quem ele possa entreter; o que encontra facilmente entre as pessoas mais ocupadas, que nem sempre ficam zangadas por serem desviadas por alguns momentos de um trabalho aborrecido e penoso.

VI

O prazer da conversação entre os franceses mistura-se a todos os seus outros prazeres e, algumas vezes, chega quase a excluí-los. Eles vão aos espetáculos mais para tagarelar do que para ver o próprio espetáculo. Aqueles de seus jogos que eles denominam jogos de comércio e de sociedade freqüentemente não passam de uma conversação de cartas na mão. Ocorre o mesmo em suas refeições: o prazer de conversar com amáveis convivas é para eles o tempero da boa comida. Assim, a escolha e a combinação dos convivas são uma parte essencial naquilo que se chama saber receber à mesa.

O prazer da conversação, misturado ao da boa comida, é por si mesmo um preventivo contra a intemperança; e, com efeito, os franceses são mais demorados, e, não obstante, mais sóbrios em suas refeições do que a maior parte dos outros povos.

VII

É necessário distinguir duas espécies de conversação, uma contínua e que gira sobre um mesmo assunto, a outra na qual se fala sucessivamente de várias coisas diferentes, trazidas pelo acaso. Esta é a mais comum, e a mais adequada ao gênio francês.

A primeira, não obstante, esteve em moda por volta da metade do século passado. O jogo não estava tão amplamente estabelecido como agora: empregava-se nele menos tempo, sendo a maior parte dele dedicado à conversação. O gosto não tinha ainda chegado ao ponto de perfeição visto depois, mas era mais vivo para todas as coisas de espírito do que hoje, e sem que se as conhecesse tão bem, eram muito mais apreciadas. O conhecimento das belas-letras fazia parte do mérito de um homem de sociedade; e tal é a inconstância e a estranheza dos costumes, que não seria então considerado distinto se gabar de ignorância.

Não há ninguém que não tenha ouvido falar das famosas conversações, ou antes, das conferências do palácio de Rambouillet. Concebo que elas podiam ser igualmente instrutivas e agradáveis, mas não há nada que não tenha seus inconvenientes; e como era necessário ter muito espírito para bem representar sua personagem nessas conversações, e mais se destacava quem mais espírito mostrasse, era de temer que a busca por se polir e ornar o espírito levasse à afetação e ao pedantismo. Com efeito, estas conversações formaram, dizem, a seita das preciosas ridículas e das sabichonas, e resultaram nas comédias de Molière, que trazem esse título, talvez as únicas das quais seria verdadeiro dizer que corrigiram a sociedade. Mas corrigiram-na excessivamente, e para evitar o ridículo que Molière pintou tão bem, mesmo carregando um pouco nas tintas, as pessoas se lançaram na extremidade oposta, infinitamente mais censurável. Tornaram-se grosseiras e ignorantes, de medo de passar por preciosas e por falsamente espirituosas.

VIII

Com exceção de alguns cumprimentos, de algumas réplicas, pode-se referir tudo que se diz na conversação a dois pontos principais, contar e argumentar. Argumenta-se sobre os negócios, sobre as ciências, sobre os meios de chegar ao termo de alguma coisa; contam-se novidades; narra-se uma aventura ocorrida conosco, ou com outro; cita-se um episódio da história. Essas duas maneiras de conversar se misturam e se sucedem: argumenta-se sobre um fato, sobre uma novidade; sustentando-se uma argumentação num fato, num exemplo.

Muito provavelmente, alguém me dirá que não se argumenta muito na conversação. Mas, quando falo em argumentar, não entendo um conjunto de argumentos bem ordenados e bem encadeados; poucas pessoas são capazes de fazer semelhantes argumentações, e mesmo poucas pessoas teriam prazer em ouvi-las; assim, esta maneira de argumentar não seria conveniente nas conversações comuns, nas quais se busca apenas a diversão. Isso não impede que as conversas mais comuns não estejam repletas de argumentações curtas, superficiais, e sem ligação umas com as outras, mas que não deixam de ser verdadeiras argumentações.

IX

A primeira regra da conversação consiste em observar as leis da polidez, sejam aquelas que podem ser chamadas naturais, sendo por isso comuns a todas as nações, sejam aquelas que são baseadas apenas num costume arbitrário, e particular do país em que se vive. Esta regra é a mais indispensável de todas; não seguindo as outras regras, corre-se o risco de não agradar; a violação desta ofende.

Não depende de nós ter muito espírito, dizer coisas sutis e delicadas, contar histórias agradavelmente; mas não há ninguém que não possa ser polido, ao menos até um certo ponto.

A polidez é infinitamente mais apropriada para nos fazer amados e procurados do que as mais raras qualidades do espírito: estas estimulam quase sempre sentimentos invejosos, que não estão longe do ódio.

X

Se desejais ser estimado, fazei-vos amado. Tendes pouco mérito? Pois bem! Sede hábil; seduzi vossos juízes ganhando seus corações.

Aquele que é amado é sempre estimado acima do que vale; aquele que não é amado, é estimado o menos possível; procura-se até mesmo desprezá-lo, o que, de ordinário, se consegue. De início, esse desprezo é de má-fé: não está no espírito; está apenas, se é possível dizer isto, no coração e no discurso. Insensivelmente, ele vai se tornando mais sincero e, no final, consegue-se desprezar com a melhor fé do mundo um homem estimável que é odiado por algum motivo; entretanto, caso se deva por força estimá-lo, odeia-se-o ainda mais.

XI

Dizemos: se desejais ser amado, amai. Este meio é bom, mas não é infalível; eis um mais seguro. Se desejais ser amado, estimai; ou ao menos parecei estimar; a estima jamais fez ingratos, e, ademais, acredita-se facilmente que seja sincera. Isso não é tudo, seria possível ainda dizer: se desejais ser estimado, estimai; assim, colocareis o amor-próprio dos outros de vosso lado. Logo eles vos estimarão; confiai no interesse deles: eles são tão tolamente vãos, que ficariam lisonjeados com vossa estima, mesmo quando tivessem por vós apenas desprezo. Mas ela os lisonjeará muito mais se eles próprios vos estimam. Aquele que nos estima tem ao menos discernimento, sobretudo se despreza nossos rivais.

XII

São necessárias mais qualidades amáveis àquele que as tem mais estimáveis. Um homem de mérito medíocre pelo lado do espírito é menos obrigado pelo lado do coração.

Dizem algumas vezes que é necessário compensar pelos sentimentos do coração os atrativos do espírito, e isto é verdade em certo sentido; mas seria ainda mais justo dizer que é necessário contrabalançar de algum modo as qualidades do espírito pelas do coração.

Um grande talento para a conversação requer ser acompanhado de uma grande polidez: aquele que eclipsa os outros, deve-lhes certamente consideração.

Eu estava um dia em uma casa com o sr.***. Ele, como era seu costume, brilhou muito; toda a companhia, que era muito numerosa, pareceu-me encantada pelo prazer de ouvi-lo, com exceção de dois ou três homens cultos que permaneceram o tempo todo um pouco sérios. No fim da conversação notei que ele lhes falava com um ar extremamente gracioso a cada um em particular. Saímos juntos; e, como tinha bastante familiaridade com ele, disse-lhe: Agistes acertadamente ao fazer algumas gentilezas a esses senhores, ao deixá-los: eles brilhavam até o momento em que entrastes, e depois não se fez mais caso deles; a atenção da companhia se voltou para vós; isto certamente lhes foi custoso e devíeis a eles alguma reparação.

XIII

Um outro dizia: não há risco em mostrar muito espírito na conversação com aqueles que, por um lado, têm bastante espírito para sentir todo aquele que temos, e, de outro, estão muito acima de nós pela posição, ou pelas riquezas, para serem humilhados. Com meus iguais suprimo uma parte de meu espírito: não o deixo expandir-se livremente senão com os grandes que têm eles mesmos espírito. Jamais percebi que lhes causasse inveja e, nas vezes em que a demonstraram, vi que sempre o faziam apenas por polidez.

Não seria mais a mesma coisa, acrescentava, se estes grandes fossem meus mestres, ou se pudessem vir a sê-lo; se eu tivesse em vista me pôr a seu serviço, ou, se vivendo com eles, estivesse em condições de ter com eles freqüentes conversas particulares. Então procuraria apenas entretê-los nas doces ilusões da grandeza e os deixaria acreditar que seu espírito iguala sua fortuna, evitaria fazê-los sentir minha superioridade sobre eles, não havendo defeito que lhes escondesse com mais cuidado. Para diverti-los na conversação, trataria de fazê-los falar muito, e de fazê-los acreditar que me divertem.

Vários se perderam junto aos grandes por uma conduta oposta; eles se fizeram odiar, acreditando se fazer estimar.

O que quer que nos diga disso uma vaidade equivocada, vale mais agradar na conversação, do que brilhar.

XIV

Uma segunda regra geral da conversação é a de se conformar ao gosto, ao caráter, à disposição presente daqueles com quem se fala. Esta regra é uma conseqüência da precedente, a polidez a prescreve; mas é necessário mais do que polidez para observá-la. É até mesmo impossível observá-la perfeitamente, pois este sentimento sutil da diferença dos espíritos e dos caracteres, e daquilo que lhes convém segundo esta diferença, é extremamente raro; uma coisa é sentir o que conviria dizer, outra estar em condições de dizê-lo.

Não há homem capaz de agradar igualmente a todos na conversação, de mudar a seu bel-prazer de estilo, de assunto, de maneiras, segundo as ocasiões e as pessoas. A universalidade das qualidades do espírito não bastaria sem a dos conhecimentos; e tanto uma quanto a outra ainda não bastariam sem as qualidades do coração, sem uma grande base de ternura e complacência. Assim, tudo deveria se unir para formar um homem realmente amável, realmente agradável na conversação. Pois não gostaria de dar este título àqueles que agradam apenas por algum talento particular, como o de contar histórias, de motejar, ou que sabem falar apenas de certas coisas, sendo apreciados apenas por certas pessoas e ainda por um breve tempo: a uniformidade leva sempre ao aborrecimento.

Quando digo que para ser perfeitamente apropriado na conversação seria necessário, se fosse possível, reunir tudo, não entendo que seja necessário exceler em tudo; ao contrário, falando francamente, não se é obrigado a exceler em nada.

Se desejai escrever, entregai-vos a um único objeto; aprofundai uma ciência; sede atento a essa voz da natureza que vos chama a um gênero, e que, de ordinário, vos proíbe todos os outros. Consultai vossos amigos; desconfiai do amor-próprio que se crê capaz de tudo, que por uma louca extravagância se compraz algumas vezes em lutar contra dificuldades invencíveis. Desconfiai até mesmo do atrativo que vos leva a um gênero mais do que a um outro, e do gosto que vos faz julgar tão bem obras deste gênero. Este atrativo e este gosto nem sempre são garantias seguras do talento; vai ainda uma grande distância do apreciador e do conhecedor ao artesão, mesmo que medíocre. Portanto repito: se desejais escrever, evitai a ambição de ser universal. Mas se desejais vos limitar à conversação, vencerás ali mais por este tipo de mérito que resulta da reunião de vários conhecimentos superficiais e de várias qualidades medíocres do que pelo mérito mais eminente em um gênero particular.

Isso não significa que não se deva seguir seu talento numa conversação e, assim como ao escrever, restringir-se aos limites daquilo que se sabe e falar daquilo que não se sabe apenas para se instruir. Esta regra é, ainda, muito importante; não se poderia faltar a ela sem cair no ridículo, e não obstante falta-se a ela freqüentemente: deseja-se falar de guerra e de política, conhecendo-se apenas as belas-letras. É-se capaz apenas de argumentar, é-se bom apenas para o sério; deseja-se entretanto gracejar, e graceja-se sem a menor vontade. É assim que um homem de mérito parece algumas vezes um impertinente.

XV

Sede o que sois, é dito continuamente aos homens; jamais ides além de vosso caráter; sede simples e verdadeiros nas maneiras, nos discursos. Mas por que é preciso lhes dizer isso? Pois custa não ser assim; é necessário forçar a natureza e não há exemplo de que alguém tenha sido bem sucedido ao forçá-la. Estranho efeito da vaidade! É a mais infeliz de todas as paixões em seus projetos, pois é a mais imprudente em seus meios.

Buscais a estima, mas temeis ainda mais o desprezo: pois bem! Certamente obtereis esta estima pelas qualidades que tendes, ao passo que vos tornareis infinitamente desprezível afetando aquelas que não tendes. Deixai-as a outros, é a partilha deles; a vossa é talvez igualmente boa, e cabe apenas a vós torná-la ainda melhor. Aplicando-vos a cultivar e aperfeiçoar as bases que haveis recebido da natureza, tereis infalivelmente com que agradar; em todo caso, só podeis agradar por isso.

XVI

Apenas a vaidade, e uma vaidade bem grosseira e bem desavisada, pode nos levar a falar daquilo que ignoramos; pois nossa ignorância não nos pode ser desconhecida: conhece-se mais ou menos aquilo que se sabe e aquilo que não se sabe; mas freqüentemente acredita-se de boa-fé ter talento para as coisas da sociedade para as quais menos se tem. Não há gracejador tão ruim, nem contador de histórias tão aborrecido, que não se creia um homem muito divertido e muito agradável.

Não digo que a vaidade nunca tenha parte nessa ilusão, mas parece-me também que a inclinação que nos leva a certas coisas basta quase que por si só para nos persuadir de que somos apropriados a elas. Dessa persuasão nasce ordinariamente a vaidade, mas a vaidade não é sempre a principal causa dessa persuasão. Acredita-se fazer bem aquilo que se faz, sem o que não seria feito, quando se é livre para fazê-lo ou não fazê-lo; mas o que nos leva a fazê-lo nem sempre é somente a vontade de brilhar, de nos distinguir, de agradar aos outros; é ainda o prazer que nós mesmos sentimos com isso: e eis freqüentemente no que consiste toda vaidade de que acusamos injustamente certas pessoas. Este homem não cessa de gracejar, sem nenhum talento para o gracejo; que vaidade!, dizemos algumas vezes. Dizemos sobretudo: que desvario de espírito, que lastimável cegueira! Se retirásseis desse gracejador ruim toda a sua vaidade, ele não gracejaria menos. Não é para vós que ele graceja, é para si mesmo, e, se crê vos divertir, é porque ele mesmo se diverte. Ele não fala como aqueles aos quais me referi há pouco: o gracejo é muito agradável na conversação, provoca a reputação de homem de espírito; portanto, é necessário que eu graceje. Mas por um erro da natureza, se posso me exprimir assim, que separou nele o gosto pelo gracejo do talento que faz com que se seja bem sucedido nisso, ele se sentiu inclinado a gracejar, e graceja.

De resto, é ordinariamente fácil distinguir nos outros o que fazem por vaidade, daquilo que fazem por uma inclinação natural; e confesso que não há muito como se enganar nisso, ainda que, por malícia, fale-se freqüentemente dessas pessoas de modo diverso do que se pensa delas. Na intenção de tornar um homem odioso, recorre-se algumas vezes a falsas aparências para lhe imputar um vício do qual se sabe com certeza que ele não é muito culpado.

XVII

De todas as maneiras de se desviar de seu caráter e de sua natureza na conversação não há nada mais ridículo do que querer ser gracejador quando não se nasceu para isso. Bem pior ainda ocorre, quando ao forçar a natureza violam-se as conveniências de sua condição, juntando assim a indecência ao ridículo.

Portanto, não há nada que se devesse afetar menos do que ser gracejador; qualquer outra afetação será menos perigosa. Um mau gracejo é tudo o que há de pior; o bom gracejo é muito difícil e muito raro; e o melhor traz ainda grandes inconvenientes. O caráter dos gracejadores de profissão, dos que dizem chistes, dos autores de belos contos, atrai pouca consideração em sociedade, e expõe todos os dias a mil pequenos aborrecimentos muito mortificantes para o amor-próprio. Aqueles diante dos quais estes senhores representam suas pequenas peças não têm um maior respeito por eles, do que a platéia tem pelos comediantes; e acredita-se algumas vezes no direito de tratá-los de modo bastante descortês. Um homem que faz os outros rirem impõe pouco: contribuir para seus prazeres, dessa maneira, é envilecer-se aos olhos deles e, ao aplaudir o talento, eles desprezam quase sempre a pessoa.

Por mais perfeito que seja o talento para o gracejo, pode-se aborrecer no final quando não se sabe parar e terminar adequadamente: os melhores gracejadores estão sujeitos a muitos gracejos ruins; os risos que excitam são freqüentemente risos zombeteiros.

Há gracejadores mais maliciosos que bufões e cujo único empenho é divertir uma metade do público às expensas da outra; perigoso empenho, cujo fruto é um ódio universal.

XVIII

Há várias outras regras que dependem daquelas que acabo de assinalar; elas prescrevem mais detalhadamente o que se deve fazer e o que se deve evitar na conversação, mas são muito comuns para que seja necessário indicá-las. Não que se creia que não sejam quase sempre tão violadas quanto outras regras mais finas e mais delicadas, e, por isso, menos conhecidas, mas não é por ignorância que são violadas. Nada é mais comum em matéria de erros que concernem à conversação do que cometer os que são semelhantes àqueles que se acaba de assinalar nos outros; de imitá-los, até mesmo ao repreendê-los. E para dar um exemplo mil vezes citado, e cada vez mais a propósito, não há regra mais comum do que aquela que proíbe falar com freqüência e por longo tempo de si mesmo. Contudo, recair neste erro ocorre quase sempre para aqueles que, numa ocasião, estão sujeitos a incorrer nele; vi começar um longo e aborrecido discurso, no qual aquele que o fazia era ele próprio o assunto, por este exórdio: nunca falo de mim, não está nisso meu erro.

O erro de falar muito de si mesmo, que não ocorreria àqueles que tivessem mais espírito, supõe ordinariamente a escassez dele. É raro ainda que se fale de si mesmo com uma inteira sinceridade, pois é o amor-próprio que faz falar, aumentando assim o aborrecimento causado por semelhantes discursos.

Escutaria com muito prazer um homem estimável tanto pelas qualidades do coração quanto pelas do espírito, que me falasse dele mesmo natural e sinceramente: parece-me que semelhante conversa seria bastante proveitosa. Uma alma de uma certa ordem que se mostra a nu é um espetáculo igualmente agradável e instrutivo.

XIX

Alguns autores censuraram Montaigne por ter falado muito dele mesmo em seus *Ensaios*, e, num sentido, estão corretos: há coisas de uma natureza tal que não podem ser ditas de si mesmo aos outros sem perigo para eles, de qualquer maneira que sejam ditas. Mas Montaigne vai ainda mais longe: orgulha-se de coisas realmente escandalosas, cuja própria confissão não lhe era permitida, e certamente isto não é apropriado a um homem de bem. Assim, poucas pessoas não suprimiriam de bom grado em seus *Ensaios* algumas das passagens nas quais ele fala de si mesmo, mas seria muito severo querer suprimir todas elas, sob pretexto de que a vaidade ali tenha talvez alguma parte: vários destes trechos são os mais agradáveis de toda a obra.

Montaigne estudou, pintou o homem ao se estudar e ao pintar a si mesmo; e com efeito é uma boa maneira de estudá-lo, e um bom meio de pintá-lo com verdade.

Misturar a si próprio, num livro, às coisas que são sua matéria não é correto, mas, assim como Montaigne, é possível fazer de si mesmo a matéria de seu livro e misturar as outras coisas a si.

Se Montaigne falasse tanto dele mesmo na conversação, quanto fala em seus *Ensaios*, isto talvez pudesse chocar; mas há certamente uma diferença a este respeito, entre uma conversação e um livro: pode-se ler com prazer aquilo que se teria ficado chocado ao ouvir.

O leitor pouco se importa que a vaidade tenha feito o autor falar, contanto que não o tenha feito mentir, sobretudo se este autor morreu há muito tempo. É a vaidade contemporânea, se posso me exprimir assim, vaidade que vive conosco, que nos revolta e nos mortifica; dou risada de uma vaidade com a qual a minha jamais terá algo a disputar.

Seria de desejar que, a exemplo de Montaigne, tantos grandes homens, que compuseram tão belas obras, tivessem nos deixado em memórias bem sinceras uma pintura fiel de seu coração e de seu espírito. Há leitores filósofos que fariam mais caso destas memórias do que de todos os outros escritos.

XX

Falar de si quando se tem muito espírito é como cantar quando se tem uma bela voz: não se deve fazer nem uma coisa nem outra senão quando se é instado a isso, e terminar logo. Mas não é preciso cantar ao primeiro pedido que nos é feito; fica bem para afastar toda suspeita de amor-próprio recusar de início a falar de si mesmo e apenas ceder a uma espécie de importunação.

Considerações sobre os costumes deste século

Charles Pinot Duclos

Charles Pinot Duclos (1704-1772)

Acadêmico, historiógrafo e homem de sociedade, freqüenta os salões mais reputados de Paris à época, como os das Senhoras de Tencin, Geoffrin e Du Deffand. Faz parte da *Société du Caveau*, de amantes da boa mesa e dos vinhos. Protegido da Senhora de Pompadour. O texto escolhido faz parte das *Considérations sur les moeurs de ce siècle*, de 1751.

Sobre as pessoas na moda

De todos os povos, o francês é aquele cujo caráter menos mudou em todos os tempos; os franceses de hoje são reconhecidos naqueles das cruzadas, e ao se remontar até os gauleses nota-se ainda muita semelhança. Esta nação sempre foi viva, alegre, generosa, valente, sincera, presunçosa, inconstante, orgulhosa e imprudente. Suas virtudes provêm do coração, seus vícios devem-se apenas ao espírito, e todas as suas boas qualidades, corrigindo ou contrabalançando as más, concorrem talvez igualmente para tornar o francês o mais sociável de todos os homens. Este é seu caráter distintivo e é muito estimável; mas temo que se venha abusando dele já há algum tempo; ser sociável não bastou, desejou-se ser amável, e creio que o abuso foi tomado por perfeição. Isto requer provas, isto é, explicação.

As qualidades apropriadas à sociedade são a polidez sem falsidade, a franqueza sem rudeza, a amabilidade sem aviltamento, a complacência sem adulação, a consideração sem subserviência, e sobretudo o coração voltado à benevolência; assim o homem sociável é o cidadão por excelência.

O homem amável, ao menos aquele a quem se dá esse título hoje, é muito indiferente para com o bem público, sequioso de agradar em todas as sociedades para as quais seu gosto e o acaso o impelem, e pronto a sacrificar para isso todos e cada um. Não ama ninguém, não é amado por quem quer que seja, agrada a todos, e freqüentemente é desprezado e procurado pelas mesmas pessoas.

Por um contraste bastante estranho, sempre ocupado com os outros, ele se satisfaz apenas consigo, e espera a felicidade apenas da opinião alheia, sem preocupar-se com a estima que aparentemente supõe, ou cuja natureza ignora. O desmedido desejo de divertir leva-o a imolar o ausente que ele mais estima à malignidade daqueles que ele menospreza, mas que o escutam. Tão frívolo quanto perigoso, ele praticamente coloca de boa-fé a maledicência e a calúnia ao nível dos divertimentos, sem suspeitar que elas tenham outros efeitos; e, algumas vezes, seu julgamento sobre o que há de venturoso e de mais vergonhoso nos costumes é justo.

As ligações particulares do homem sociável são laços que o unem cada vez mais ao Estado; as do homem amável são apenas novas dissipações que reduzem na mesma medida os deveres essenciais. O homem sociável inspira o desejo de se conviver com ele; aprecia-se apenas encontrar o homem amável. Enfim, a reunião de vícios, de frivolidades e de inconvenientes neste caráter é tanta, que o homem amável é freqüentemente o homem menos digno de ser amado.

Contudo, a ambição de alcançar esta reputação torna-se a cada dia uma espécie de doença epidêmica. Ah! Como não se ficaria lisonjeado com um título que eclipsa a virtude e faz perdoar o vício! Concordam que um homem seja desonrado a ponto de que se façam admoestações a todos que convivem com ele; e não é tentando justificá-lo que eles se defendem: tudo isto é verdade, dizem-vos, mas ele é muito amável. É necessário que esta razão seja boa, ou bem amplamente admitida, para que não seja contestada. O homem mais perigoso em nossos costumes é o vicioso bem humorado e afável; não há nada que isso não consiga, o que não impede de ser odioso.

O que decorre disso? Todos querem ser amáveis, e não se preocupam em ser outra coisa; com isso são sacrificados os deveres, e, diria, a consideração, se ela fosse perdida por isso. Um dos mais infelizes efeitos dessa mania fútil é o desprezo por sua condição, o desdém pela profissão pela qual se é responsável, e na qual se deveria buscar sempre a maior glória.

O magistrado considera o estudo e o trabalho como encargos obscuros que convêm apenas a homens que não são feitos para a sociedade. Ele vê que aqueles que se entregam aos seus próprios deveres são conhecidos apenas casualmente por aqueles que têm uma necessidade passageira deles; de modo que não é raro ver um destes magistrados amáveis, que nas questões ilustres são menos juízes do que solicitadores que recomendam a seus colegas os interesses das pessoas famosas.

O militar de uma certa patente crê que a aplicação no serviço deve ser o quinhão dos subalternos; assim, as graduações não passariam de distinções de posição, e não cargos que exigem certas tarefas.

O literato que por obras trabalhadas poderia ter instruído seu século, e feito com que seu nome passasse à posteridade, negligencia seus talentos e os perde por não cultivá-los: teria sido contado entre os homens ilustres, mas permanece um homem de espírito de sociedade.

A própria ambição, esta paixão sempre tão ardente e antigamente tão ativa, não alcança mais a prosperidade senão pelos artifícios da arte de agradar. Os princípios do ambicioso não eram, antigamente, mais justos do que são hoje, seus motivos mais louváveis, sua forma de agir mais inocente; mas seus trabalhos podiam ser úteis ao Estado, e algumas vezes inspirar a emulação à virtude.

Certamente alguém dirá que a sociedade se tornou, pelo desejo de ser amável, mais deliciosa do que jamais tinha sido; pode ser, mas é certo que o que ela ganhou, o Estado perdeu, e esta troca não foi uma vantagem.

O que ocorreria se o contágio viesse a se espalhar por todas as outras profissões? E pode-se temê-lo, quando se vê que penetrou em uma ordem unicamente destinada à edificação e para a qual as qualidades amáveis de nossos dias teriam sido outrora no mínimo indecentes.

Uma vez que as qualidades amáveis fundamentam-se na maior parte em coisas frívolas, a estima que lhes dedicamos nos acostuma insensivelmente à indiferença por aquelas que deveriam nos interessar mais. Parece que o que toca ao bem público nos é alheio.

Ainda que um grande capitão, que um homem de Estado, tenham prestado os maiores serviços, antes de arriscarmos nossa estima, perguntamos se são amáveis, quais são seus encantos, embora talvez haja alguns que um grande homem, numa posição superior, não deva possuir.

Toda questão importante, todo raciocínio ordenado, todo sentimento razoável é excluído das sociedades ilustres, e escapam do *bom-tom*. Esta expressão foi inventada há pouco tempo, e já é trivial, sem ter sido mais bem esclarecida: vou dizer o que penso dela.

O bom-tom naqueles que mais têm espírito consiste em dizer ninharias de forma agradável; em não se permitir a menor proposição sensata, caso essa não seja desculpada pelos atrativos do discurso, e enfim, em encobrir a razão, quando se é obrigado a exibi-la, com tanto cuidado quanto o pudor o exigia antigamente, quando se tratava de exprimir alguma idéia livre. O atrativo se tornou tão necessário, que mesmo a maledicência cessaria de agradar, se estivesse desprovida dele. Não basta prejudicar, é necessário sobretudo divertir; sem o quê, o discurso mais maldoso recai antes sobre seu autor do que sobre aquele que constitui seu assunto.

Este pretenso *bom-tom* que é apenas um abuso do espírito, não deixa de exigi-lo muito; assim, torna-se entre os tolos um jargão ininteligível para eles mesmos; e, como os tolos formam a maioria, esse jargão prevaleceu. É o que se chama *Zombaria*, amontoado cansativo de palavras sem idéias; volubilidade de proposições que levam os insensatos ao riso, escandalizam a razão, desconcertam as pessoas de bem ou tímidas e tornam a sociedade insuportável.

Estes maus modos são algumas vezes menos extravagantes, sendo então mais perigosos. Isso ocorre quando alguém é imolado, sem desconfiar, à malignidade de um grupo, tornando-se ao mesmo tempo instrumento e vítima do gracejo comum, pelas coisas que lhe são sugeridas e pelas confissões ingênuas que dele são tiradas.

As primeiras tentativas deste tipo de espírito foram naturalmente bem sucedidas; e, assim como as novas invenções vão sempre se aperfeiçoando, isto é, aumentando em depravação, quando seu princípio é vicioso, a maldade é hoje a alma de certas sociedades, e cessou de ser odiosa, sem mesmo perder seu nome.

A maldade hoje é apenas uma moda. As mais eminentes qualidades não poderiam ter feito outrora com que fosse perdoada, pois jamais podem proporcionar tanto à sociedade quanto a maldade a faz perder, pois esta solapa seus fundamentos, sendo por isso, se não a reunião, ao menos o resultado dos vícios. Hoje a maldade foi reduzida a arte, sendo considerada mérito entre aqueles que não têm outro, e freqüentemente obtém-lhes consideração.

Eis o que produz esta multidão de pequenos maldosos subalternos e imitadores, de cáusticos insossos, entre os quais se encontram tantos inocentes; o caráter destes é oposto à maldade e teriam sido tão boas pessoas, seguindo seu coração, que algumas vezes somos tentados a ter compaixão deles, tanto lhes custa fazer o mal. Vemos também aqueles que abandonam o próprio papel devido ao sofrimento excessivo; outros persistem lisonjeados e corrompidos pelos progressos que fizeram. Os únicos a ganhar com este desvario da moda são aqueles que, nascidos com o coração depravado, a imaginação desregrada, o espírito falso, limitado e sem princípios, desprezando a virtude, e incapazes de remorsos, têm o prazer de se ver como os heróis de uma sociedade da qual deveriam ser o horror.

Um espetáculo bastante curioso é ver a subordinação que reina entre aqueles que formam estes tipos de associações. Não há estado em que ela esteja mais bem regulada. Eles se impõem comumente nos estranhos que o acaso lhes traz, assim como antigamente eram sacrificados em algumas regiões aqueles que ali eram levados pela má sorte. Mas, quando faltam novas vítimas, é aí então que a guerra civil começa. O chefe conserva seu império, imolando alternadamente seus súditos uns aos outros. A vítima do dia é impiedosamente esmagada por todos os outros que estão exultantes por afastar a tempestade que paira acima deles; a crueldade é freqüentemente o efeito do temor. Entretanto, os subalternos medem suas forças uns contra os outros; procuram lançar apenas tiradas finas; gostariam que fossem picantes sem serem grosseiras, mas, como o espírito não é sempre tão leve quanto o amor-próprio é sensível, chegam freqüentemente a se dizer coisas tão ultrajantes, que apenas a experiência pode impedir que se temam as conseqüências disso. Contudo, se se pudesse imaginar algum temperamento honesto entre o caráter irrequieto e o envilecimento voluntário, não se viveria com menos graça e haveria mais união e respeito recíprocos.

As coisas estando no pé em que estão, o homem mais espicaçado não tem o direito de tomar nada a sério. Apenas são trocados, por assim dizer, desafios para duelos de espírito; seria necessário se confessar vencido, para recorrer a outras armas, e a glória do espírito é o ponto de honra de hoje.

Contudo, é sempre espantoso que semelhantes sociedades não se desunam pelo temor, o desprezo, a indignação ou o aborrecimento. Esperamos que, por força do excesso, elas terminem por fazer com que a maldade caia no ridículo; este é o único meio de destruí-la. Podemos ver que a razão fria é a única coisa que se impõe a elas e, algumas vezes, desconcerta-as.

Seria de crer que o hábito de ofender tornasse aqueles que o adquiriram incapazes de se adaptar aos meios de trabalhar para sua própria fortuna. De modo algum, vale mais inspirar o temor que a estima. Aliás, os falsos extravagantes, sejam cáusticos, maldosos ou misantropos, são perfeitamente bem sucedidos junto àqueles de que precisam. A reputação que forjaram para si dá um peso muito grande a suas amabilidades, eles descem mais facilmente do que se crê à adulação baixa. Aquele que é objeto disso não duvida possuir um mérito bem evidente, uma vez que força tais personalidades a um estilo que lhes é tão estranho. A adulação insossa e extremada é a mais segura de agradar: um louvor fino e delicado honra aquele que o faz; um elogio exagerado causa prazer naquele que o recebe. Ele toma o exagero pela expressão apropriada, e pensa que as grandes verdades não podem ser ditas com finura.

É necessário convir que as sociedades de que falo são raras; mais rara ainda é a companhia perfeitamente boa, e esta talvez seja apenas uma bela quimera da qual é possível se aproximar mais ou menos. Ela se assemelha bastante a uma república dispersa, na qual seus membros são encontrados em todos os tipos de classes, sendo muito difícil reuni-los em um corpo. Contudo, não há ninguém que não reclame este título para sua sociedade; é uma palavra de adesão. Noto apenas que cada um crê que ela só pode ser encontrada em uma ordem superior à sua, e jamais em uma classe inferior. A alta magistratura a supõe na corte assim como nela, mas não a crê em uma certa burguesia, que por sua vez apresenta nuanças de orgulho.

O homem da corte, sem querer entrar em nenhum detalhe sobre este artigo, crê firmemente que a boa companhia existe apenas entre as pessoas de sua sorte. É verdade que com igual espírito eles têm uma vantagem sobre o comum dos homens, a de se exprimir em melhores termos e com torneados mais agradáveis. O tolo da corte diz suas tolices mais elegantemente do que o tolo da cidade diz as dele. Em um homem obscuro é uma prova de espírito, ou ao menos de educação, exprimir-se bem. Para o homem da corte é uma necessidade; ele não emprega más expressões, porque não conhece nenhuma. Um homem da corte que falasse grosseiramente pareceria quase ter o mérito de um sábio em línguas estrangeiras. Com efeito, todos os talentos dependem das faculdades naturais, e sobretudo do exercício que se faz delas. O talento da palavra, ou antes da conversação, deve portanto ser aperfeiçoado na corte mais do que em qualquer outro lugar, pois ali se está destinado a falar, e reduzido a nada dizer: assim, os torneados se multiplicam, e as idéias se retraem. Não tenho necessidade, creio, de advertir que falo aqui apenas desses cortesãos ociosos para os quais Versailles é necessária, mas que lhe são inúteis.

Resulta do que eu disse, que as pessoas de espírito da corte, quando têm as qualidades do coração, são os homens de comércio mais amável; mas tais sociedades são raras. O jogo serve para aliviar as pessoas de sociedade do doloroso fardo de sua existência, e os talentos que chamam algumas vezes em seu socorro, ao buscarem prazer, sentem o vazio de sua alma, e não o preenchem. Esses remédios são inúteis àqueles que o gosto, a confiança e a liberdade reúnem.

As pessoas de sociedade certamente ficariam muito surpresas se fossem freqüentemente preteridas por certas sociedades burguesas, nas quais se encontra, se não um prazer delicado, ao menos uma alegria contagiosa, e freqüentemente um pouco de rusticidade; mas é muita felicidade que não penetre ali um meio-conhecimento da sociedade, que seria apenas um ridículo a mais, ainda que não perceptível àqueles que o cometessem: eles têm a felicidade de conhecer apenas o ridículo que fere a razão ou os costumes.

Com respeito às sociedades, se fizermos abstração de algumas diferenças de expressões, veremos que a classe geral da gente de sociedade e a burguesia são no fundo mais parecidas do que se supõe. São os mesmos aborrecimentos, o mesmo vazio, as mesmas misérias. A pequenez depende menos dos objetos do que dos homens que os observam. Quanto ao comércio habitual, a gente de sociedade em geral não vale mais, nem vale menos que a burguesia. Esta não ganha ou não perde em imitá-las. Com exceção da arraia-miúda que tem apenas idéias relativas às suas necessidades e que é comumente privada de qualquer outro assunto, o restante dos homens é por toda parte o mesmo. A boa companhia independe da situação e da posição, e é encontrada apenas entre aqueles que pensam e que sentem, que têm as idéias justas e os sentimentos honestos.

Sobre o ridículo, a singularidade e a afetação

O ridículo é semelhante aos fantasmas, que existem apenas para os que neles crêem. Quanto mais se usa uma palavra abstrata, menos sua idéia é fixa, pois todos a estendem, restringem ou alteram; e percebe-se a diferença dos princípios apenas por aquela das conseqüências, ou pelas diferentes aplicações que se fazem deles. Se alguém quisesse definir as palavras que são menos compreendidas, precisaria definir aquelas às quais mais se recorre.

O ridículo consiste em ir contra os costumes ou as opiniões aceitas, que são comumente bastante confundidos com a razão; entretanto, aquilo que vai contra a razão é tolice ou loucura; se for contra a eqüidade, é crime.

O ridículo, portanto, só se refere às coisas indiferentes por si mesmas, e consagradas pela moda. Os trajes, a linguagem, as maneiras, a postura: eis seu domínio, eis sua usurpação; ele o estende até mesmo à virtude, pois é o meio empregado pela inveja para mais seguramente ofuscar-lhe o brilho. O ridículo é superior à calúnia, que pode se destruir ao recair sobre seu autor. A malignidade esclarecida não confia nem mesmo na deformidade do vício; faz-lhe a honra de tratá-lo assim como à virtude, associando-lhe o ridículo para desacreditá-lo; ele se torna, com isso, menos odioso e mais desprezado. O ridículo se tornou o veneno da virtude e dos talentos, e, algumas vezes, o castigo do vício.

O ridículo é o flagelo da gente de sociedade, e é bastante justo que tenham por tirano um ser fantástico. Sacrifica-se a vida pela honra, freqüentemente a honra pela fortuna, e, algumas vezes, a fortuna pelo temor do ridículo.

Não me espanta que se tome cuidado em não se expor a isso, uma vez que tem tão grande importância no espírito de vários daqueles com quem somos obrigados a conviver. Mas não se deve desculpar a extrema sensibilidade que homens ponderados têm por este artigo. Este temor excessivo fez nascer enxames de pequenos atribuidores de ridículos, que decidem os que estão em voga, assim como os mercadores de modas determinam as que devem vigorar. Se não tivessem se apoderado do encargo de distribuir os ridículos, teriam sucumbido a eles; assemelham-se aos criminosos que se tornam executores para salvar a própria vida.

A maior tolice desses seres frívolos, e aquela de que nem suspeitam, é imaginar que seu império é universal: se soubessem o quanto é limitado, a vergonha os faria renunciar a ele. O povo não lhe conhece o nome, e isso é tudo que a burguesia sabe dele. Entre as pessoas de sociedade, as que têm uma ocupação são atingidas apenas por distração por esta gentinha incômoda; e mesmo aquelas que o foram, e que a razão e a idade separaram deles, dificilmente os recordam; e os homens ilustres seriam demasiadamente elevados para percebê-los, se não se dignassem algumas vezes a se divertir com eles.

Embora o império do ridículo não seja tão extenso quanto supõem aqueles que o exercem, ele ainda é demasiado grande entre as pessoas de sociedade, e é espantoso que um caráter tão vivo quanto o nosso tenha-se submetido a uma servidão cujo primeiro efeito é tornar o comércio uniforme, lânguido e aborrecido.

O temor pueril do ridículo sufoca as idéias, retrai os espíritos, e os forma segundo um único modelo, sugere os mesmos discursos pouco interessantes por sua própria natureza, e fastidiosos pela repetição. Parece que um único impulso imprime a diferentes máquinas um movimento igual e na mesma direção. Vejo que apenas os tolos podem ser favorecidos por um expediente que os coloca ao nível dos homens superiores, uma vez que estão todos igualmente sujeitos a uma medida comum que os mais limitados podem atingir.

O espírito é praticamente igual quando se está submetido ao mesmo comportamento, e este comportamento é necessário àqueles que sem isto não teriam nada de seu; assemelha-se às librés dadas aos criados, sem o quê não estariam vestidos.

Com este comportamento de moda é possível ser um tolo impunemente, e será considerado como tal um homem de muito espírito que não o obedecer; não há nada que se distinga menos da tolice que a ignorância dos pequenos costumes. Quantas vezes, na corte, enrubescemos por causa de um homem que ali introduzimos com confiança, que havíamos admirado em outros lugares, e que havíamos anunciado com uma boa-fé imprudente? Entretanto, não nos havíamos enganado: nós o tínhamos julgado apenas segundo a razão, e ele foi confrontado com a moda.

Não basta não se expor ao ridículo para estar livre dele, sendo atribuído aos que menos o merecem, e, freqüentemente às pessoas mais respeitáveis, se são bastante tímidas para aceitá-lo. Certas pessoas desprezíveis, mas ousadas, e que estão a par dos costumes reinantes, repudiam-no e aniquilam-no melhor que os outros.

Como o ridículo não tem freqüentemente nada de marcado, tendo existência apenas na opinião, ele depende em parte da disposição daquele a quem se quer atribuí-lo, e, neste caso, tem necessidade de ser acolhido. Fazemos com que malogre, não o repudiando com força, mas recebendo-o com desprezo ou indiferença, algumas vezes recebendo-o de boa vontade. São como as flechas dos mexicanos que teriam penetrado o ferro, amortecendo-se, porém, contra armaduras de lã.

Quando o ridículo é bem merecido, há ainda uma arte de torná-lo sem efeito: exagerar aquilo que o provocou. Humilha-se seu adversário desdenhando dos golpes que ele quer desferir.

Ademais, esta ousadia de afrontar o ridículo impressiona os homens; e como a maioria não é capaz de estimar as coisas apenas pelo que valem, onde seu desprezo se detém sua admiração começa, e o singular é comumente seu objeto.

Por que anomalia a mesma coisa, num certo grau, torna ridículo, e, levada ao excesso, propicia uma espécie de brilho? Pois tal é o efeito da singularidade marcante, seja seu princípio louvável ou condenável.

Isto só pode decorrer do desgosto causado pela uniformidade de caráter encontrada na sociedade. Ficamos tão aborrecidos de encontrar as mesmas idéias, as mesmas opiniões, as mesmas maneiras, e de ouvir as mesmas proposições, que agradecemos infinitamente àquele que suspende este estado letárgico.

A singularidade não é exatamente um caráter; é uma simples maneira de ser que se une a qualquer outro caráter, e que consiste em sermos *nós mesmos*, sem percebermos que somos diferentes dos outros; pois, se chegarmos a reconhecê-lo, a singularidade se desvanece; é um enigma que cessa de sê-lo tão logo a palavra é conhecida. Quando percebemos que somos diferentes dos outros, e que esta diferença não é um mérito, só podemos nela persistir afetadamente, sendo então pequenez ou orgulho, o que dá no mesmo, e produzindo o fastio; ao passo que a singularidade natural adiciona um certo tempero à sociedade, reanimando sua languidez.

Os tolos que conhecem freqüentemente o que não têm, e que supõem que isto se dá apenas por não terem pensado nisso, vendo o sucesso da singularidade, tornam-se singulares e pode-se imaginar o que este projeto estranho produz.

Em lugar de se limitar a não ser nada, o que lhes convinha tão bem, querem por toda força ser alguma coisa, e são insuportáveis. Tendo notado, ou antes, ouvido dizer que reconhecidos gênios nem sempre estão isentos de um grão de loucura, tratam de imaginar loucuras, e só fazem tolices.

A falsa singularidade é apenas uma privação de caráter, que consiste não somente em evitar ser o que os outros são, mas em tratar de ser unicamente o que eles não são.

Vêem-se sociedades nas quais os caracteres são repartidos assim como são distribuídos papéis. Um se faz filósofo, um outro amável, um terceiro *homem caprichoso*. Fulano tendia inicialmente a ser complacente, mas ao ter encontrado o papel ocupado se faz cáustico. Quando não se é nada, tem-se tudo a escolher.

Não espanta que estes desvarios entrem na cabeça de um tolo, mas é espantoso encontrá-los junto com o espírito. Isto se nota naqueles que, nascidos com mais vaidade do que orgulho, acreditam tornar seus defeitos ilustres pela singularidade, exagerando-os, mais do que se aplicando em corrigi-los. Eles formam seu próprio caráter; estudam então a natureza para dela se afastarem cada vez mais, e formarem uma particular; não querem fazer nem dizer nada que não se afaste do simples; e infelizmente, quando se busca o extraordinário, encontram-se apenas mediocridades. Até mesmo as pessoas de espírito sempre o têm menos quando tratam de tê-lo.

Deveríamos sentir que nunca se encontra a naturalidade quando é procurada, que o esforço produz o excesso, e que o excesso revela a falsidade do caráter. Queremos parecer imprevistos, tornamo-nos ferozes; vivos, tornamo-nos apenas petulantes e estouvados; a bondade representada degenera em polidez forçada, e trai-se enfim pela acrimônia; a falsa sinceridade é apenas ofensiva e, mesmo que pudesse ser imitada por algum tempo, pois consiste apenas de atos passageiros, nunca atingiria a franqueza que é seu princípio e que é uma continuidade de caráter. Ela é como a probidade: vários atos que são conformes a ela não a provam e um único contrário a destrói.

Enfim, toda afetação acaba por se revelar e cai-se então abaixo de seu valor real. Fulano é visto como um tanto tolo depois, talvez por ter sido tomado por um gênio antes. Ninguém se vinga pela metade depois de ter sido enganado.

Sejamos portanto o que somos, não acrescentemos nada ao nosso caráter; tratemos somente de conter aquilo que pode ser incômodo para os outros e perigoso para nós mesmos. Tenhamos a coragem de nos esquivar da servidão da moda, sem passar dos limites da razão.

Da Alemanha

Germaine Necker, Baronesa de Staël-Holstein

Germaine Necker (Baronesa de Staël-Holstein) (1766-1817)

Freqüenta, ainda muito jovem, o salão de sua mãe, Suzanne Curchod, a Senhora Jacques Necker, substituindo-a posteriormente como anfitriã. Após seu casamento com o Barão de Staël, passa a receber em sua própria casa. Partidária de uma monarquia constitucional, permanece com o salão aberto em Paris durante toda a Revolução, deixando a cidade apenas em 1792. O texto apresentado faz parte do *De l'Allemagne*, cujas provas foram apreendidas em Paris, em 1810, onde reaparece, impresso, apenas em 1814.

Do espírito de conversação

No Oriente, quando nas reuniões não há nada para se dizer, passa-se a fumar tabaco de rosa, e de tempos em tempos são feitas saudações com os braços cruzados sobre o peito em testemunho de amizade; mas, no Ocidente, desejou-se falar a todo momento, e o calor da alma freqüentemente se dissipou nessas conversas em que o amor-próprio está em contínuo movimento para causar efeito imediato e adequado ao gosto do momento e do círculo em que se está.

Parece-me notório que Paris é a cidade do mundo onde o espírito e o gosto da conversação encontram-se mais amplamente disseminados; e que a chamada saudade, este lamento indefinível pela pátria, que independe até mesmo dos amigos ali deixados, aplica-se particularmente ao prazer de conversar que os franceses não encontram em parte alguma com a mesma intensidade que entre eles. Volney conta que, durante a Revolução, alguns franceses emigrados queriam estabelecer uma colônia e desbravar as terras da América; mas, de tempos em tempos, eles deixavam todas as suas ocupações para ir, diziam eles, *conversar na cidade*; e a cidade, Nova Orleans, ficava a seiscentas léguas de onde moravam. Na França, a necessidade de conversar é sentida em todas as classes: diferentemente de outros lugares, a palavra ali não é somente um meio para comunicar idéias, sentimentos e ocorrências, trata-se de um instrumento cujo uso é apreciado e que reanima os espíritos, tal como a música entre alguns povos, e os licores fortes entre outros.

O tipo de bem-estar proporcionado por uma conversação animada não consiste propriamente no assunto da conversação; nem as idéias nem os conhecimentos que ali podem ser desenvolvidos são seu principal interesse. Importa uma certa maneira de agir uns sobre os outros, de ter um prazer recíproco e rápido, de falar tão logo se pense, de comprazer-se imediatamente consigo mesmo, de ser aplaudido sem esforço, de manifestar seu espírito em todas as nuanças pela entonação, pelo gesto, pelo olhar, enfim, de produzir à vontade como que uma espécie de eletricidade que solta faíscas, aliviando uns do próprio excesso de sua vivacidade e despertando outros de uma apatia dolorosa.

Nada é mais estranho a esse talento do que o caráter e o gênero de espírito dos alemães; eles querem um resultado sério em tudo. Bacon disse que *a conversação não era um caminho que conduzia à casa, mas uma vereda por onde se passeava prazerosamente ao acaso.* Os alemães dão a cada coisa o tempo necessário, mas o necessário em matéria de conversação é a diversão; ultrapassada esta medida cai-se na discussão, no colóquio sério, que é mais uma ocupação útil do que uma arte agradável. É necessário confessar também: o gosto e a embriaguez do espírito de sociedade provocam uma singular incapacidade de dedicação e de estudo, e as qualidades dos alemães, sob alguns aspectos, talvez se vinculem à própria ausência desse espírito.

As antigas fórmulas de polidez, que ainda vigoram em quase toda a Alemanha, opõem-se à naturalidade e à familiaridade da conversação; o título mais minguado e, entretanto, o mais longo a ser pronunciado, é dado e repetido vinte vezes na mesma refeição; deve-se oferecer todos os pratos, todos os vinhos com um cuidado, com uma instância que deixa os estrangeiros mortalmente cansados. Há bonomia na base de todos esses costumes; mas, eles não subsistiriam um instante em um país onde não se pudesse arriscar um gracejo sem ofender a suscetibilidade: e, não obstante, como é possível haver graça e encanto em sociedade, se não se permite essa terna zombaria que distrai o espírito e dá à própria benevolência um modo picante de se exprimir?

Há um século o curso das idéias começou a ser totalmente dirigido pela conversação. Pensava-se para falar, falava-se para ser aplaudido, e tudo o que não podia ser dito parecia importunar a alma. O desejo de agradar é uma disposição bastante aprazível; mas difere muito da necessidade de ser amado: o desejo de agradar nos torna dependentes da opinião, o desejo de ser amado dela nos liberta: seria possível desejar agradar até mesmo aqueles a quem se faria muito mal, e é isto precisamente o que se chama coqueteria. A coqueteria não pertence exclusivamente às mulheres, existe em todas as maneiras que servem para testemunhar mais afeto do que realmente se sente. A lealdade dos alemães não lhes permite nada de parecido; eles tomam a amabilidade ao pé da letra, e consideram o encanto da expressão como um compromisso com a conduta, decorrendo daí sua suscetibilidade; pois não ouvem uma palavra sem tirar dela uma conseqüência, e não concebem que se possa tratar a palavra como arte liberal, sem objetivo ou resultado além do prazer produzido. O espírito de conversação tem algumas vezes o inconveniente de alterar a sinceridade do caráter; e isto não é uma mistificação calculada, mas improvisada, se é possível dizer assim. Os franceses deram a este gênero uma alegria que os torna amáveis; mas não é menos certo que o que há de mais sagrado neste mundo foi comprometido pela amabilidade, ao menos por aquela que não dá importância a nada e torna tudo ridículo.

Os ditos espirituosos dos franceses foram citados de um lado a outro da Europa: em todos os tempos eles mostraram seu ilustre valor e aliviaram suas mágoas de um modo vivo e picante; em todos os tempos eles precisaram uns dos outros, como ouvintes alternados que se encorajavam mutuamente; em todos os tempos foram excelentes na arte daquilo que é preciso dizer, e mesmo daquilo que é preciso calar, quando um grande interesse suplanta sua vivacidade natural; em todos os tempos tiveram o talento de viver intensamente, de abreviar longos discursos, de ceder o lugar aos sucessores ávidos para falarem por sua vez; em todos os tempos, enfim, souberam tomar do sentimento e do pensamento apenas o que era preciso para animar a conversa, sem arrefecer o frívolo interesse que comumente temos uns pelos outros.

Os franceses sempre falam com leveza de suas desgraças, no temor de aborrecer seus amigos; adivinham o cansaço que poderiam causar por aquele a que seriam suscetíveis: apressam-se em mostrar elegantemente uma despreocupação por sua própria sorte, a fim de ter nisso a honra em lugar de receber o exemplo. O desejo de parecer amável aconselha a tomar uma expressão bem humorada, qualquer que seja a disposição interior da alma;

a fisionomia influi gradativamente sobre o que se experimenta, e o que se faz para agradar aos outros logo amortece o próprio sofrimento.

Uma mulher de espírito disse que Paris *era o lugar do mundo onde melhor se podia passar sem a felicidade*[1]: é sob este aspecto que ela convém tão bem à pobre espécie humana; mas nada poderia fazer com que uma cidade da Alemanha se tornasse Paris, ou que os alemães pudessem, sem se corromper inteiramente, receber como nós o benefício da distração. À força de escapar de si mesmos eles terminariam por não mais se encontrar.

O talento e o hábito da vida em sociedade são muito úteis para se conhecer os homens: para ser bem sucedido falando, é preciso observar com perspicácia a impressão produzida a cada instante sobre eles, a que querem nos esconder, a que buscam exagerar, a satisfação contida de uns, o sorriso forçado de outros; vemos passar na fronte daqueles que nos escutam censuras meio delineadas que podemos evitar apressando-nos em dissipá-las antes que o amor-próprio seja atingido. Também vemos nascer ali a aprovação que deve ser fortalecida, sem entretanto exigirmos dela mais do que quer dar. Não há arena na qual a vaidade se mostre sob formas mais variadas do que na conversação.

Conheci um homem a quem os elogios transtornavam a ponto de, quando os recebia, exagerar no que acabara de dizer e se esforçar de tal modo em aumentar seu sucesso que acabava por perdê-lo. Não ousava aplaudi-lo, com medo de levá-lo à afetação e de que se tornasse ridículo pela generosidade de seu amor-próprio. Um outro

---

1. Suprimido pela censura com o protesto de que agora havia tanta felicidade em Paris que não era preciso passar sem ela. (Nota de 6. De Staël.)

temia de tal modo ter o ar de quem deseja impressionar que deixava cair suas palavras negligente e desdenhosamente. Sua simulada indolência traía somente uma pretensão a mais, a de não tê-la. Quando a vaidade se mostra, ela é benévola; quando se esconde, o temor de ser descoberta a torna amarga, e ela afeta indiferença, saciedade, enfim, tudo aquilo que pode persuadir os outros de que não necessita deles. Essas diferentes combinações são divertidas para o observador, e sempre nos causa espanto que o amor-próprio não tome o caminho tão simples de confessar naturalmente o desejo de agradar, e de empregar tanto quanto possível a amabilidade e a verdade para chegar a isso.

O tato exigido pela sociedade, a necessidade que ela provoca de se colocar ao alcance de diferentes espíritos, todo este trabalho do pensamento em suas relações com os homens seria certamente útil, sob muitos aspectos, aos alemães, dando-lhes mais medida, refinamento e habilidade; mas nesse talento de conversar há um tipo de habilidade que sempre faz com que se perca alguma coisa da inflexibilidade da moral; se fosse possível abrir mão de tudo aquilo que provém da arte de tratar com os homens, o caráter teria seguramente mais grandeza e energia.

Os franceses são os mais hábeis diplomatas da Europa, e estes homens acusados de indiscrição e impertinência sabem melhor do que ninguém esconder um segredo e cativar aqueles de que precisam. Jamais desagradam, a não ser quando querem, isto é, quando sua vaidade crê tirar melhor proveito pelo desdém que pela afabilidade. O espírito de conversação desenvolveu singularmente nos franceses o espírito mais sério das negociações políticas.

Não há embaixador estrangeiro que possa lutar contra eles nessa matéria, a menos que, colocando absolutamente de lado toda pretensão ao refinamento, vá diretamente ao assunto como quem vai ao embate sem saber esgrimir.

As relações entre as diferentes classes também eram muito apropriadas para desenvolver, na França, a sagacidade, a medida e a conveniência do espírito de sociedade. As posições ali não estavam marcadas de uma maneira positiva, e as pretensões agitavam-se continuamente no espaço incerto que cada um podia sucessivamente conquistar ou perder. Os direitos do Terceiro Estado, dos parlamentos, da nobreza, o próprio poder do rei, nada era determinado de um modo invariável; tudo se passava, por assim dizer, na habilidade de conversação: as pessoas esquivavam-se das dificuldades mais graves pelas nuanças delicadas das palavras e das maneiras, e raramente chegavam a se confrontar ou a ceder, tanto ambos eram cuidadosamente evitados! As grandes famílias também tinham entre elas pretensões jamais declaradas e sempre subentendidas, e esta indeterminação estimulava muito mais a vaidade do que as posições marcadas poderiam ter feito. Era necessário estudar tudo aquilo que compunha a existência de um homem ou de uma mulher, para saber a espécie de consideração que se lhes devia; o arbitrário sob todas as formas esteve sempre nos hábitos, nos costumes e nas leis da França; foi em decorrência disso que os franceses desenvolveram, se é possível dizer assim, uma frivolidade tão imensamente pedante; uma vez que as bases principais não estavam firmes, queria-se dar consistência aos menores detalhes. Na Inglaterra permite-se a originalidade aos indivíduos, tanto a massa é bem regrada! Na França, parece que o espírito de imitação é como um laço social, e que tudo estaria em desordem se este laço não compensasse a instabilidade das instituições.

Na Alemanha, cada um se mantém em sua posição, em seu lugar, assim como em seu posto, e não há a necessidade de torneados hábeis, parênteses, meias palavras, para exprimir as vantagens de nascimento ou de título que se acredita ter sobre o vizinho. A boa sociedade, na Alemanha, é a corte; na França, eram todos os que podiam se colocar em um pé de igualdade com ela, o que todos podiam almejar, assim como todos podiam temer jamais conseguir. Resultava disso que cada um queria ter as maneiras daquela sociedade. Na Alemanha, um diploma vos fazia entrar ali; na França, uma falta de gosto vos fazia sair, e havia uma avidez muito maior de parecer com a gente de sociedade do que de se distinguir nesta mesma sociedade pelo valor pessoal.

Um poder aristocrático, o bom-tom e a elegância, sobrepunham-se à energia, à profundidade, à sensibilidade, ao próprio espírito. Ele dizia à energia: – Interessai-vos demasiado pelas pessoas e pelas coisas; à profundidade: – Tomais demasiado tempo; à sensibilidade: – Sois demasiadamente exclusiva; ao espírito, enfim: – Sois uma distinção demasiadamente individual. – Eram necessárias vantagens ligadas mais às maneiras que às idéias, e importava reconhecer em um homem antes a classe a que pertencia do que o mérito que possuía. Essa espécie de igualdade na desigualdade é bastante favorável à gente medíocre, pois deve necessariamente destruir toda a originalidade no modo de ver e de se exprimir. O modelo escolhido é nobre, agradável e de bom gosto, mas é o mesmo para todos. Esse modelo é um ponto de união;

cada um que se conforma a ele se crê mais em sociedade com seus semelhantes. Um francês ficaria entediado de estar só com suas opiniões como de estar só em seus aposentos.

Seria um engano acusar os franceses de adular o poder pelos cálculos comuns que inspiram essa adulação; eles vão para onde todos estão indo, seja para a desgraça, seja para a fortuna, não importa: se alguns se fazem passar pela massa, eles acreditam com convicção que ela realmente virá. Em 1789, fez-se a Revolução Francesa enviando-se um mensageiro que, de um vilarejo a outro, gritava: *Armai-vos, pois o vilarejo vizinho se armou*, e todos acabaram por se levantar contra todos, ou antes contra ninguém. Se se espalhasse o rumor de que tal maneira de ver é universalmente aceita, obter-se-ia a unanimidade, apesar do sentimento íntimo de cada um; o segredo da comédia estaria então, por assim dizer, guardado, pois cada um confessaria separadamente que todos estavam errados. Nos escrutínios secretos foram vistos deputados dando sua bola branca ou preta contra a própria opinião, somente porque acreditavam que a maioria ia num sentido diferente do deles, e *não queriam*, diziam eles, *perder o voto*.

É por essa necessidade social de pensar como todo o mundo que foi possível explicar, durante a Revolução, o contraste da coragem na guerra e da pusilanimidade na carreira civil. Há apenas uma maneira de ver a coragem militar, mas a opinião pública pode ser enganada em relação à conduta a ser seguida nas questões políticas. A censura daqueles que vos cercam, a solidão, o abandono vos ameaçam quando não seguis o partido dominante; ao passo que nos exércitos não há senão a alternativa da morte ou do sucesso, situação encantadora para os franceses que não temem a primeira e amam apaixonadamente o segundo. Colocai a moda, isto é, os aplausos, do lado do perigo, e vereis os franceses afrontando-o sob todas as formas; na França, o espírito de sociabilidade é encontrado da mais alta posição à mais baixa: precisamos ouvir a aprovação daqueles que nos cercam; não queremos nos expor, por nenhum preço, à censura ou ao ridículo, pois, em um país onde conversar tem tanta influência, o ruído das palavras cobre freqüentemente a voz da consciência.

É conhecida a história do homem que começou por louvar com enlevo uma atriz que acabara de ouvir e, ao perceber um sorriso nos lábios dos assistentes, modificou seu elogio; o obstinado sorriso não cessou e o temor da zombaria acabou por fazê-lo dizer: *Creiam-me! a pobre coitada fez o que pôde.* Os triunfos do gracejo renovam-se continuamente na França; em um momento convém ser religioso, em outro não sê-lo; em um momento amar sua mulher, em outro não se mostrar com ela. Houve mesmo momentos em que temíamos passar por néscios se mostrássemos humanidade, e este terror do ridículo, que, nas altas classes, só se manifesta comumente pela vaidade, foi traduzido em ferocidade nas baixas.

Que mal este espírito de imitação não faria entre os alemães! Sua superioridade consiste na independência do espírito, no amor pelo retiro, na originalidade individual. Os franceses são todo-poderosos apenas em massa, e mesmo seus homens de gênio sempre se apóiam nas opiniões aceitas quando querem se lançar além. Enfim, a impaciência do caráter francês, tão picante na conversação, retiraria dos alemães o encanto principal de sua imaginação natural, este devaneio calmo, esta visão profunda que repousa no tempo e na perseverança para tudo descobrir.

Essas qualidades são praticamente incompatíveis com a vivacidade de espírito; e essa vivacidade é, entretanto, o que, acima de tudo, torna amável a conversação. Quando uma discussão começa a tornar-se pesada, quando um conto se alonga, não sei qual impaciência vos toma, semelhante à que se sente quando um músico diminui demasiado o ritmo de uma ária. Entretanto, pode-se ser cansativo por força da vivacidade, assim como por uma demasiada morosidade. Conheci um homem de muito espírito, mas de tal modo impaciente, que provocava em todos os que conversavam com ele a inquietude que devem sentir as pessoas prolixas quando percebem que estão cansando. Este homem se remexia na cadeira enquanto lhe falávamos, acabava as frases dos outros temendo que se prolongassem; inquietava de início e terminava por cansar, aturdindo: pois, por mais rápido que se seja em matéria de conversação, quando não há mais meios de se limitar ao necessário, os pensamentos e os sentimentos oprimem pela falta de espaço para exprimi-los.

Todas as maneiras de abreviar o tempo não o poupam, e podemos alongar uma única frase, se nela deixamos espaços vazios; o talento de redigir seu pensamento brilhante e rapidamente é o que mais triunfa na sociedade; não se tem tempo para esperar nada. Nenhuma reflexão, nenhuma complacência pode fazer com que nos divirtamos com aquilo que não diverte. É necessário então exercer o espírito de conquista e o despotismo do sucesso: pois o fundo e a finalidade, sendo pouca coisa, não há como se consolar do fracasso pela pureza dos motivos, e a boa intenção não é nada em matéria de espírito.

O talento de narrar, um dos grandes encantos da conversação, é bastante raro na Alemanha: os ouvintes ali são demasiadamente complacentes, demorando para se aborrecerem, e os narradores, fiando-se na paciência dos ouvintes, colocam-se demasiadamente à vontade nas narrações. Na França, aquele que fala é um usurpador que se sente cercado de rivais invejosos, e quer se manter à força do sucesso; na Alemanha, é um proprietário legítimo que pode usar tranqüilamente seus reconhecidos direitos.

Os alemães dão-se melhor nos contos poéticos do que nos contos epigramáticos: quando é preciso falar à imaginação, os detalhes podem agradar, eles tornam o quadro mais verdadeiro, mas quando se trata de exprimir um dito espirituoso, nunca é demasiado abreviar os preâmbulos. O gracejo alivia por um momento o peso da vida: vós apreciais ver um homem, vosso semelhante, escarnecer do fardo que vos oprime, e logo, animado por ele, vós também o largais; mas, quando sentis o esforço ou a lentidão naquilo que deveria ser um divertimento, ficais mais fatigados do que se se tratasse de algo sério, cujos resultados ao menos interessam.

A boa-fé do caráter alemão talvez seja também um obstáculo à arte de narrar; os alemães têm antes de tudo a alegria do caráter que a do espírito; são alegres, como são honestos, para a satisfação de sua própria consciência, e riem daquilo que dizem muito antes de mesmo terem sonhado em fazer com que os outros riam.

O encanto de uma narração feita por um francês espirituoso e de bom gosto, ao contrário, não poderia ser igualado. Ele prevê tudo, arranja tudo, e entretanto não sacrifica o que poderia estimular o interesse. Sua fisionomia, menos pronunciada que a dos italianos, indica a alegria, sem nada fazer perder à dignidade da postura e das maneiras; ele pára quando convém e jamais chega a esgotar o divertimento; anima-se, e não obstante mantém sempre nas mãos as rédeas de seu espírito para conduzi-lo com segurança e rapidez; logo, também os ouvintes se misturam à conversa; ele então, por sua vez, valoriza os que acabam de aplaudi-lo, não deixando escapar uma expressão feliz sem destacá-la, uma brincadeira picante sem senti-la, e ao menos por um momento as pessoas se comprazem e se divertem mutuamente como se tudo fosse conforto, união e simpatia na vida em sociedade.

Os alemães fariam bem em aproveitar, sob os aspectos essenciais, algumas vantagens do espírito social na França: deveriam aprender com os franceses a se mostrar menos irritáveis nas pequenas circunstâncias, a fim de reservar toda a força para as grandes; deveriam aprender com os franceses a não confundir obstinação com energia, rispidez com firmeza; deveriam também, uma vez que são capazes do devotamento inteiro de sua vida, não se apegar em seus detalhes por uma espécie de personalidade minuciosa que o verdadeiro egoísmo não se permitiria; enfim, deveriam extrair da própria arte da conversação o hábito de disseminar em seus livros a clareza que os colocaria ao alcance da maioria, o talento de abreviar, inventado pelos povos que se divertem, bem mais que pelos que se mantêm atarefados, e o respeito por certas conveniências que não levam a sacrificar a natureza, mas a administrar a imaginação. Aperfeiçoariam sua maneira de escrever por algumas observações que o talento de falar faz nascer: mas fariam mal em almejar este talento tal qual os franceses o possuem.

Uma grande cidade que servisse de ponto de encontro para reunir os meios de estudo, aumentar os recursos das artes, estimular a emulação, seria útil à Alemanha; mas, se essa capital desenvolvesse entre os alemães o gosto pelos prazeres da sociedade em toda a sua elegância, eles perderiam com isso a boa-fé escrupulosa, o trabalho solitário, a independência audaciosa que os distingue na carreira literária e filosófica; enfim, mudariam seus hábitos de recolhimento em prol de um movimento exterior cuja graça e destreza jamais adquiririam.

Da conversação
André Morellet

Abade André Morellet (1727-1819)

Freqüenta os salões da Senhora Geoffrin, da Senhora de Holbach, da Senhora Necker, além de ser ele próprio um anfitrião conhecido. Membro da Academia Francesa desde 1788 até a sua supressão pela Revolução. Tradutor do italiano e do inglês. O texto apresentado é *De la conversation*, de 1812.

Da conversação

Encontramos nas obras de Swift um pequeno escrito com esse título, cujo objetivo é aperfeiçoar a arte da conversação: esse meio de prazer e de felicidade, diz o escritor inglês, tão útil, tão inocente, tão fácil para todos os homens, e tão conveniente para todas as idades e para todas as condições da vida, que negligenciamos, ou do qual abusamos com tanta leviandade.

Não se pode invocar maior autoridade nem escolher melhor guia do que um homem que passou a vida com Pope, Addison, Prior, Bolingbroke etc., e cuja conversação foi constantemente requestada por esses homens célebres.

É sobre suas pegadas que caminharei, executando à minha maneira o plano que ele apenas esboçou, e empregando algumas de suas observações que se juntarão naturalmente às minhas.

Começarei primeiro, com Swift, por estabelecer a importância do tema que empreendo tratar.

"Conquanto o objeto sobre o qual me proponho", diz ele, "reunir algumas reflexões apresente-se muito naturalmente ao espírito, acho que só foi tratado muito raramente. ou pelo menos muito superficialmente, e conheço muito poucos mais importantes a serem aprofundados e sobre os quais haja mais coisas a dizer."

Essa importância será sentida por todo homem que se dispuser a reconhecer a verdade desta observação: a maioria dos homens, e mesmo aqueles que deram o máximo de cultura ao seu espírito, devem grande parte de seus conhecimentos à conversação.

Entenda-se que não pretendo falar aqui das primeiras idéias e noções morais, sociais, literárias etc., transmitidas pela educação anteriormente ao uso que os homens fazem da conversação, embora talvez seja verdade dizer que elas em geral não passam de uma reunião de palavras ou de frases, às quais não se associou nenhuma idéia precisa, até que tenham sido debatidas e submetidas à prova da conversação.

Pretendo somente falar das opiniões que cada homem pôde debater consigo mesmo na idade da reflexão, e que acolheu e adotou nessa época, e creio que esse exame e essa adoção só ocorrem, na maior parte dos homens, por intermédio da conversação.

Poucas pessoas lêem, ou lêem com atenção suficiente, para tirar suas opiniões dos livros, e são esses leitores em pequeno número que transmitem suas idéias, por intermédio da conversação, a todo o resto da sociedade.

Pode-se combater o que digo da influência da conversação sobre as opiniões com a observação tão comum de que, das discussões que se levantam na sociedade, os dois contendores quase sempre saem com a mesma opinião que lhe haviam trazido.

Mas respondo que, apesar da dificuldade para persuadir aquele que está errado no debate ou na discussão, a influência da conversação sobre as opiniões não deixa de ser real, 1º porque os que são espectadores do combate, e desinteressados, formam suas opiniões de acordo com as razões alegadas por um ou outro dos contendores; 2º porque mesmo o contendor que está errado, e que no debate fecha os olhos à verdade, não conserva essa obstinação, quando reflete depois com sangue-frio e volta por si só à idéia que combatera.

A conversação é a grande escola do espírito, não só no sentido de que o enriquece com conhecimentos que dificilmente teriam sido extraídos de outras fontes, mas também tornando-o mais vigoroso, mais justo, mais penetrante, mais profundo.

"O estudo dos livros", diz Montaigne, "é um movimento lânguido e fraco, que não se inflama nos casos em que a conferência exercita e ensina ao mesmo tempo. Se discuto com uma alma forte e um duro adversário, ele me aperta os flancos, suas imaginações impulsionam as minhas: o ciúme, a glória, a contenda impelem-me e elevam-me acima de mim mesmo." Livro III, cap. 8.

Montaigne mostra aqui os efeitos da conversação na qual se debate, que é manifestamente um meio de exercitar e de fortalecer todas as faculdades do espírito; mas, aquém da disputa, a mera discussão, e mesmo a conversação, na qual, não sendo os pareceres partilhados, todo o mundo tende a um mesmo objetivo, também têm grandes vantagens para exercitar e formar os espíritos.

Elas produzem tal efeito de duas maneiras: uma, aumentando a força dos meios naturais daquele que fala, a outra, despertando e fortalecendo a atenção daqueles que escutam. O movimento da conversação confere ao espírito mais atividade, à memória mais firmeza, ao juízo mais penetração. A necessidade de falar claramente leva a encontrar expressões mais corretas. O receio de deixar-se levar a um paralogismo que seria percebido afasta do paradoxo. O desejo de ser escutado favoravelmente sugere todos os meios da eloqüência permitidos pela conversação familiar, e algumas vezes também formas oratórias, quando elas podem ser aí cabíveis, trazidas pela natureza do assunto e pelas circunstâncias.

Não tenho necessidade de dizer que os homens, em quem o movimento da conversação desenvolve e aperfeiçoa assim seus meios naturais, são homens de bom senso e de boa-fé: pois os espíritos sem tino e vãos, e os homens sectários, para quem a conversação não é mais que uma arena onde combatem como gladiadores, e que só querem chegar a uma vitória aparente, e não à verdade, estes se atêm a deixar o espírito com menos tino ainda e a perder-se ainda mais em suas opiniões.

De outro lado, o calor da conversação desperta e anima a atenção nos ouvintes.

Na maior parte dos homens, a leitura não é acompanhada dessa atenção forte, que é precisamente o instrumento de todos os nossos conhecimentos. Essa atenção se torna fácil na conversação. A voz, o gesto, o tom de quem fala, sobretudo se é animado por uma ligeira contradição, aguçam, por assim dizer, a seta de seu pensamento e a cravam ainda mais.

Um efeito não menos interessante da conversação é o de aperfeiçoar a moralidade e a sociabilidade do homem.

Observarei primeiro que a moral da conversação tende naturalmente a ser boa. Um homem bem pode ter ou fazer para si mesmo princípios de imoralidade, quando trata apenas consigo; mas, no trato dos homens entre si, é impossível que eles estabeleçam máximas imorais, que erijam o vício em virtude, ao menos com algum sucesso; não podem ferir abertamente os princípios gerais da moral nem lhes contestar a aplicação correta.

A justiça é uma necessidade do homem, e tem sobre ele tal domínio que, afora os tempos de desordem em que domina o espírito faccioso, não se pode combatê-la de rosto descoberto, e que todos se vangloriam, ao contrário, de prestar-lhe homenagem.

O que acabo de dizer diz respeito aos costumes como bons ou maus; mas, considerando-os como simplesmente *sociais*, reconhece-se que a atividade da conversação é o caráter principal e a causa mais poderosa do aperfeiçoamento da sociabilidade das nações.

A comparação das nações nas quais a conversação é mais ativa com aquelas nas quais o é menos fornece uma experiência demonstrativa sobre isso; se é verdade que, de todas as nações da Europa, a francesa é aquela em que se encontra maior sociabilidade, é porque se conversa mais na França do que em qualquer outro país; e porque, embora nela a conversação seja prejudicada por grandes defeitos, esses defeitos não a impedem de produzir o efeito salutar que lhe atribuo aqui.

Dizem, com razão, que o trato livre dos dois sexos era um dos princípios mais poderosos da civilização e do aperfeiçoamento da sociabilidade. Ora, esse efeito se opera através da conversação: se as mulheres transmitem aos homens uma parte da doçura que a natureza lhes pôs no caráter, é pela conversação que se faz essa transmissão; é pela conversação que sua delicadeza, sua bondade, sua deliciosa sensibilidade, tão doce e tão favoravelmente contagiosa, evidenciam-se e causam impressão; e, se é o desejo de agradar às mulheres que tempera gradualmente a dureza natural aos homens, é através da conversação que tal desejo é manifestado, e é o hábito de exprimi-lo que forma o hábito de senti-lo.

Mas, ao dizer que a conversação deixa as nações mais sociáveis, não estaremos repetindo uma verdade trivial?

Parece-me que o que se disse até agora sobre essa matéria foi dito por demais vagamente, que não se vinculou nenhuma idéia muito clara à palavra *sociedade*; cumpre, penso eu, distinguir a mera aproximação dos homens que não têm outro trato entre si, embora reunidos, além daquele que é relativo às suas necessidades físicas, de um outro trato menos necessário, porém mais íntimo, mediante o qual se satisfazem as necessidades do espírito, e ao qual cumpre atribuir os principais efeitos produzidos, entre os homens, pelo estado de sociedade. Essa distinção propaga mais clareza sobre a questão de que tratamos, e faz-nos distinguir a conversação como uma poderosa causa do aperfeiçoamento da espécie humana, para além do simples estado de sociedade.

Não receio dizer que o primeiro grau de sociabilidade, produzido pela aproximação dos homens em sociedade política, é pouco considerável em comparação com aquele trazido pelo trato desses homens reunidos, quando comunicam entre si suas idéias mediante freqüentes conversações. Suponhamos selvagens que formem de repente uma sociedade com a união de suas famílias; eles perderão, é verdade, uma parte de sua ferocidade; as novas relações que os unem desenvolverão neles sentimentos de humanidade, de benevolência, que não haviam conhecido; mas, se supomos que os chefes dessas famílias reunidas continuam a passar a maior parte de sua vida na caça, cada um de seu lado, como fazem as nações selvagens da América, as diferenças que distinguirão esses homens reunidos dos selvagens errantes e dispersos serão pouco consideráveis. Suponhamos ainda que esses selvagens, vivendo juntos como os povos civilizados da Europa, tenham uma língua limitada a um pequeno número de palavras relativas aos objetos de primeira necessidade, à qual faltam todos os termos que exprimem nas línguas dos povos civilizados as idéias abstratas dos vícios, das virtudes, dos deveres etc., a moral desse povo será tão limitada quanto a sua linguagem. Ele conhecerá e praticará, talvez, os primeiros deveres que resultam das relações estreitas dos pais com os filhos, e do esposo com a esposa; mas ignorará uma profusão de outros sentimentos delicados, que propagam tantas doçuras na vida, e pelos quais se aperfeiçoa e se completa a civilização.

Enfim, é ao hábito de conversar que se devem atribuir as principais diferenças que distinguem o homem civilizado do homem selvagem. No primeiro, as sensações, as idéias, os desejos, os temores, em uma palavra, todas as paixões são modificadas de mil maneiras pela ação dos seres semelhantes a ele que o rodeiam. É através da conversação que suas idéias adquiridas se desenvolvem, se modificam, se coordenam. A expressão de suas paixões é contida, seus gostos se depuram e se temperam; enfim, é dela, se me é permitido dizer, que o homem da natureza recebe, se não suas primeiras e mais necessárias vestes, pelo menos aquelas que lhe são as mais cômodas e as mais agradáveis.

Mas, dirão, a conversação será suscetível da perfeição que lhe queremos dar?

Eis a resposta que dá a essa pergunta o engenhoso escritor que tomei por guia:

"Nas investigações que têm como objeto a felicidade pública, ou a da vida privada, nossa imaginação ou nossa loucura algumas vezes nos conduzem a sistemas tão rebuscados e tão sutis que jamais podemos vê-los realizados.

"Um verdadeiro amigo, um casamento completamente feliz, um governo perfeito, e alguns outros objetos desse gênero, requerem, em sua composição, um número tão grande de ingredientes, todos eles excelentes, e combinados com tanta habilidade, que, daqui a alguns milhares de anos, não veremos nada de semelhante senão nos livros. Sucede isso, ou poderia suceder de outro modo, com o projeto de aperfeiçoar a conversação: pois, para isso, apenas seria preciso evitar certo número de erros: o que, embora bastante difícil, está, porém, no poder de todo homem, ao passo que é a falta deste mesmo poder que se opõe à execução de seus outros projetos.

"A conversação parece requerer, de fato, apenas talentos naturais à maioria dos homens, ou, ao menos, que podem adquirir sem muita genialidade e trabalho. A natureza, que nos fez sociáveis, deu a todos os homens a possibilidade de ser agradável na sociedade: se ela não deu a todos o talento de nela brilhar, basta-lhes para tanto observar e evitar os erros pelos quais nos deixamos levar nessa espécie de trato com os homens, e tirar desse conhecimento máximas que nos possam servir de regras de conduta."

Embora os tratados de retórica não possam formar sozinhos um homem eloqüente, Cícero e Quintiliano fizeram tratados de retórica, cuja utilidade não pode ser contestada. Assim também, e guardadas as proporções, embora aqueles cuja conversação é agradável, interessante e útil possam não encontrar nada de novo para si nas observações que vão ler, elas poderão servir para aqueles que, na idade em que ainda se aprende a conduzir o espírito, desejariam aperfeiçoar em si mesmos a arte de conversar, fonte de muito prazer e felicidade. Essa arte pode ser ensinada até certo ponto: pois as pessoas mais agradáveis na conversação, que devem essa vantagem a uma infinidade de reflexões sagazes e rápidas que fizeram, e que fazem continuamente, sobre os meios de agradar na conversação, e sobre os defeitos que a estragam, reflexões de que elas nem sempre se dão conta, mas que as dirigem sem cessar, ao reunir essas reflexões, podemos sugeri-las a quem ainda não as fez, sendo esse o objetivo que me proponho nesta obra, executando, como o anunciei, o plano do doutor Swift. A pequena obra desse engenhoso escritor consiste em dar a conhecer os erros pelos quais nos deixamos levar na conversação, e os inconvenientes que acarretam. Seguindo e completando esse plano, acho que os principais vícios que estragam a conversação são:

1º a desatenção;
2º o hábito de interromper e de falar vários ao mesmo tempo;
3º o afã exagerado de mostrar espírito;
4º o egoísmo;
5º o despotismo ou espírito de dominação;
6º o pedantismo;
7º a falta de continuidade na conversação;
8º o espírito de pilhéria;
9º o espírito de contradição;

10º a disputa;
11º a conversação particular em substituição à conversação geral.

Sobre cada um desses temas, reunirei algumas reflexões.

A desatenção

Dentre os erros que se devem evitar na conversação, o primeiro que ressaltarei é a desatenção.

Fontenelle, numa idade avançada, dizia que se consolava de deixar a vida porque já não havia ninguém que soubesse escutar.

A obrigação de escutar é uma lei social que é infringida incessantemente. A desatenção pode ser mais ou menos impolida, e algumas vezes até insultante; mas sempre é um delito de lesa-sociedade. No entanto, é bem difícil não se tornar culpado dela com os tolos; mas essa é também uma das melhores razões que se possa ter para evitá-los, porque se evita ao mesmo tempo a ocasião de feri-los.

Pode-se dizer que o espírito só é justo, vasto, penetrante, sólido, em razão de seu maior hábito de ser atento. A verdade é feita para o espírito; a estrada que conduz a ela está aberta a todo o mundo. Os espíritos sem tino são assim apenas porque não empregam um grau de atenção suficiente para distinguir a verdade do erro; e não parece possível que, com um grau igual de atenção, dois espíritos adquiram opiniões contraditórias sobre uma mesma matéria, a menos que um deles esteja cego pelo interesse: daí a importância e a necessidade da atenção na conversação, essa grande escola do homem.

Um homem inteligente lamentava que a natureza não houvesse guarnecido nossas orelhas com uma espécie de pálpebra, que se abaixaria e fecharia a passagem às palavras dos maçadores e dos tolos, como fechamos os olhos para a luz que os fere.

Mas ele esquecia que, estando em sociedade, não poderíamos ter-nos servido desse meio, porque nossa presença no meio da sociedade nos impõe a obrigação de nela sermos ouvintes, bem como a de estarmos atentos.

Cumpre dizer, porém, que o homem inteligente e o homem instruído, se têm a arte de escutar, poderão manter a conversação com o tolo e com o ignorante. É que o mais tolo dos homens muitas vezes dá bons conselhos, e o ignorante sempre sabe alguma coisa. Se apurarmos com sagacidade, de seus discursos, as coisas sensatas neles existentes, se as desenvolvermos a eles mesmos, disso tiraremos partido. O homem inteligente, abaixando-se até eles, os elevará quase até ele. Cumpre para isso ter não só espírito, mas, o que é mais raro ainda, muita paciência e doçura, qualidades preciosas, que fazem com que se amem aqueles que as possuem, porque com eles encontramos espírito, ou porque ao menos exercitamos todo aquele que temos. Não pretendo, entretanto, que essa indulgência para escutar seja levada longe demais, porque degeneraria em baixeza e em sensaboria, excesso que se deve evitar, tanto por si mesmo quanto pela sociedade, que se tornaria sua vítima.

A falta de atenção provém em geral de uma causa que Swift notou. Essa causa é, naquele que deveria escutar, a impaciência de criar a idéia que ele concebe no mesmo momento em que começais a falar-lhe. À espera desse feliz momento, não está nem um pouco ocupado com o que estais dizendo. A sua imaginação está por inteiro no que procura dizer-vos. Parece temer que sua memória a deixe escapar, ou que outra idéia menos engenhosa tome em sua cabeça o lugar daquela.

Mas, comumente, é verdade que, entregando-nos a essa impaciência inquieta, perdemos nossos recursos e nossos meios. Tornamo-nos nós mesmos estéreis; empobrecemos nossa invenção, que poderia fornecer muitas outras idéias tão boas ou melhores do que aquela que conservamos com tanto desvelo, que se apresentariam ao espírito mais naturalmente, e, o que é importante aqui, mais abundantemente levadas pelo próprio discurso de vosso antagonista, se o houvésseis escutado com mais atenção e sangue-frio.

O hábito de interromper e de falar vários ao mesmo tempo

É por não saber e não querer escutar que vemos quase universalmente estabelecido entre nós um costume, realmente chocante, de interromper continuamente aquele que está falando, antes que tenha acabado sua frase e dado a entender todo o seu pensamento: isso é o flagelo de qualquer conversação.

Diria de bom grado, desse defeito, que é propriamente o mal francês, e que nos é quase particular.

Gaillard, na obra intitulada *De la rivalité de la France et de l'Espagne* [Da rivalidade entre a França e a Espanha], no tomo IV, página 117, recolhendo da história, com sua sagacidade costumeira, todas as visões filosóficas que ela pode fornecer, assinala que, de acordo com

Philippe de Commines, nas conferências preliminares do Tratado de Verceil, assinado em 10 de outubro de 1495, entre Carlos VIII e os italianos, observou-se, como um traço característico do espírito francês, esse afã de falar, que faz com que várias pessoas elevem a voz ao mesmo tempo, de maneira que nenhuma é ouvida.

"Do lado dos italianos", diz ele, "ninguém falava a não ser o Duque Ludovico; mas nossa condição não é de falar tão pausadamente como fazem eles: pois falávamos por vezes dois ou três juntos, e o dito duque dizia: *Oh! Um por vez.*"

"Vemos por aí", continua Gaillard, "que essa doença francesa é mais antiga do que talvez se pense. Fontenelle acreditava tê-la visto nascer na França, porque havia passado a infância e a juventude na Normandia, ou seja, na província da França menos sujeita a esse ardor de falar com demasiada precipitação e todos ao mesmo tempo; ele não havia visto muitos exemplos dele senão em Paris; e garantia, com mais razão, que, no decorrer de sua longa vida, vira-o fazer enormes progressos; e, desde 1757, época de sua morte, como 1657 o era de seu nascimento, ele fez maiores progressos ainda."

Vi algumas vezes estrangeiros observarem uma sociedade francesa, em que a conversação era interrompida assim quase a cada frase, não somente entre dois interlocutores, mas entre três e quatro ao mesmo tempo, e umas vezes mais ainda; tínhamos, aos olhos deles, o ar de loucos.

Os membros da antiga Academia Francesa conservaram por tradição um dito de Mairan que, molestado mais do que qualquer outro por esse defeito, disse um dia, seriamente, a seus confrades: "Senhores, proponho-lhes determinar que aqui falarão somente quatro ao mesmo tempo; talvez possamos chegar a entender-nos."

"Costuma-se ver", diz ainda Swift, "o mesmo homem tornar-se culpado de dois erros que parecem diferentes, mas que vêm da mesma fonte, e que são igualmente condenáveis, quero dizer a vivacidade que faz que se interrompam os outros, e a impaciência que se sente ao ser interrompido. Todo homem que considerar com atenção que as duas principais finalidades da conversação são divertir e instruir os outros, e dela tirar para si mesmo prazer e instrução, dificilmente incorrerá nesses dois erros. Com efeito, supõe-se que aquele que está falando fala para o prazer e para a instrução daquele que o escuta, não para si próprio; daí se segue que, com um pouco de discrição, ele se acautelará bem de forçar a atenção, se não lha querem conceder; compreenderá bem, ao mesmo tempo, que interromper quem está falando é a maneira mais grosseira de fazê-lo entender que não se dá a menor importância a suas idéias e ao seu juízo."

O afã exagerado de mostrar espírito

Swift tocou nesse ponto de uma maneira picante. "Nada", disse ele, "estraga mais a conversação do que o desejo grande demais de mostrar espírito: é um defeito a que ninguém é mais sujeito do que as próprias pessoas espirituosas, e no qual incorrem com maior freqüência ainda quando estão juntas. Os homens dessa espécie olhariam suas palavras como perdidas se tivessem aberto a boca sem dizer algo espirituoso. É um tormento para os assistentes, assim como para eles mesmos, o trabalho a que se dão para tanto, e os esforços que em geral fazem sem sucesso. Acham-se obrigados a dizer alguma coisa extraordinária que os deixem quites consigo mesmos, e que seja digna de sua reputação, sem o quê imaginam que os ouvintes ficariam logrados em sua expectativa e poderiam olhá-los como seres semelhantes ao resto dos mortais. Vi dois homens, que uns outros haviam reunido para usufruir-lhes o espírito, prestarem-se ao riso, à custa deles, de toda uma sociedade."

Há que convir que esse defeito é bem menor, ou menos freqüente, nas sociedades polidas, sobretudo naquelas da capital, onde o espírito e a facilidade de falar, que amiúde o substitui, por serem coisas muito mais comuns, tornam muito mais difícil àqueles que têm um ou a outra deles se prevalecerem.

Mas o desejo de mostrar espírito prejudica a conversação noutra ordem de pessoas. As moças e os moços que entram na alta sociedade em geral se tornam, ora de uma taciturnidade estúpida, ora de uma tagarelice impertinente. Procurando com demasiada inquietude o que se deve dizer, não se encontra mais nada: um procedimento estudado perde toda a sua graça. Abandonar-se ao curso natural das idéias e ao movimento do espírito, aí está um meio seguro de agradar na conversação, mesmo para aqueles que têm um talento medíocre e conhecimentos pouco extensos. Essa instrução é útil mormente às moças, que sempre falam bem quando falam naturalmente.

Há outro gênero de pretensão a ter espírito, que não é menos funesto à conversação: é a que muitas pessoas mostram, fazendo-se passar por ter opiniões já formadas sobre todos os assuntos tratados. Sempre pensaram há muito tempo o que lhes estais dizendo; aprofundaram o tema; nada têm a aprender sobre isso; e, em geral, é a primeira vez que alguma idéia sobre esse assunto se lhes apresentou à mente. O ruim é que, depois de se terem assim apresentado, obrigados que são a sustentar a vaidade com algumas observações, não deixam, ou de repetir sob outra forma o que acabais de lhes dizer, ou de estragá-lo com alguma visão errada que lhe juntam, ou ainda, o que é bem mais comum, de contradizer-vos a torto e a direito.

É desse defeito, sobretudo, que vem a grande dificuldade que se experimenta em persuadir na conversação. Todo o mundo se vangloria de trazer, à sociedade, suas opiniões já formadas, porque cada qual quer que pensem que leu, estudou e refletiu sobre os temas que são tratados. Ora, deixando-se convencer, receia-se deixar que vejam que não se havia refletido sobre a questão ventilada, e a vaidade de parecer instruído afasta de nós a instrução.

Não é necessário dizer que essa vaidade, que faz exibir uma opinião definitiva sobre questões que jamais se examinaram, é o grande caráter da ignorância: pois o homem que aprendeu muito é aquele que sabe melhor que ainda tem muitas coisas para aprender, e este também não enrubesce de não saber tudo.

De resto, esse erro é, há que dizer, mais escusável ainda nos homens de letras, e naqueles que cultivaram o espírito com mais desvelo, do que na maior parte dos homens de sociedade. Exige-se mais dos primeiros, e eles podem ficar mais envergonhados de não ter condições de corresponder à idéia que se tem deles. Mas é estranho que pessoas que nunca tiveram senão uma aplicação passageira, a quem sua profissão ou os prazeres da sociedade não deixaram tempo de instruir-se, e que nunca sentiram vontade de fazê-lo, tenham a pretensão de ter idéias formadas e definitivas sobre questões muito difíceis, e de saber tudo, sem jamais ter aprendido nada.

Esse defeito também tem origem num erro bem grosseiro e bem comum, que faz acreditar que todos os conhecimentos que não possuem, como as ciências físicas e matemáticas, ou as artes, uma linguagem técnica, e que são, por essa razão, o objeto natural da conversação, tais como a moral, a política, a administração etc., são apenas por isso um campo aberto a qualquer um, em que ele pode combater tão bem quanto qualquer outro.

Nada, entretanto, é mais errado, pela grande razão que só se sabe o que se estudou, e bem estudado. Conquanto não se empregue nem fórmula algébrica, nem linguagem específica em economia pública, em matéria de governo, o homem de sociedade, nem sequer o homem de letras que não as estudou, não têm mais condições e direito de falar delas com autoridade, e mesmo de ter um parecer, do que sobre matérias de medicina ou de química, ou para pronunciar-se sobre qual é o grande geômetra, Clairaut ou d'Alembert, Lagrange ou Laplace. Percebe-se que essa observação abrange também as damas, que são tão eruditas hoje sobre a distinção das formas de governo e sobre o direito de representação etc.

Será fácil ficarem de acordo com o que acabo de dizer, em conformidade com esta simples consideração: é precisamente nas ciências que não têm uma linguagem que lhes seja específica, fórmulas próprias, instrumentos que sejam apenas delas, que o erro se insinua com mais facilidade; seus termos são mais equívocos, mais mal definidos, mais difíceis de definir; e, ao passo que o geômetra, armado de suas expressões algébricas, que são invariavelmente as mesmas em todas as suas fórmulas e em todas as partes de sua demonstração, tem um meio, por assim dizer, mecânico de afastar de si o paralogismo, meu doutor em política e em economia pública, empregando a mesma palavra em dois ou três sentidos diferentes, esquecendo um ou dois dos elementos necessários da questão, divaga e perde-se depois de alguns passos, sem que possamos nem nos fazer entendido por ele, nem fazê-lo entender a si mesmo suas próprias decisões.

Essa pretensão de saber o que não se aprendeu é mais comumente o defeito de nossa nação, mais do que de qualquer outra.

Ouvi Franklin fazer, a esse respeito, uma observação perspicaz. Dizia ele que entre um inglês e um francês havia a diferença de que, quando se fazia uma pergunta a um francês, este sempre começava por responder-vos como que sabendo muito bem o que lhe perguntáveis; e que, pegando-o depois sobre os detalhes, as circunstâncias, acontecia-lhe muitas vezes ser forçado a convir que ignorava os mais importantes, e aqueles mesmos que cumpriria saber para dar uma resposta qualquer; que, diferentemente do francês, o inglês, em igual situação, dizia facilmente: *I don't know* (*não sei*), resposta que quase nunca se obtém de um francês logo de saída.

A verdade dessa observação impressiona-me cada dia mais, desde a época da Revolução. Esse defeito nacional parece-me ter piorado. O espírito de liberdade que pretenderam dar-nos levou, mormente entre os jovens, a uma segurança, a uma audácia, a um desprezo dos comportamentos estabelecidos, a um esquecimento do respeito devido à idade e ao saber; enfim, a uma disposição para dominar na conversação, tamanha, que geralmente se pode assegurar que o orador escutado em cada círculo, ou pelo menos aquele que vos força a escutá-lo, é um moço que se crê capaz, não só de debater como Pico de la Mirandola, mas de dar aulas de *omni scibili et quibusdam aliis*, de tudo que se pode saber, e de algumas outras coisas.

Egoísmo

O egoísmo, na conversação, é um defeito grosseiro demais para que seja necessidade ressaltá-lo e combatê-lo. Aliás, a sociedade tem bastante prevenção contra os egoístas. A personalidade de cada qual, mesmo contida em limites justos, resiste à opressão que o egoísta desejaria estabelecer.

No entanto, nunca seria demais alertar os jovens contra essa falta e esse ridículo. Uma inclinação muito natural nos leva a ele, e muito amiúde deixamo-nos levar por ele sem perceber.

Diria, contudo, que a máxima que proíbe falar de si mesmo não deve ser entendida com demasiada rigorosidade; seria exagerada. Circunstâncias há em que se pode, sem inconveniente, falar de si mesmo (com comedimento) e fazer-se escutar ainda com algum interesse. Um dia eu perguntei a Madame Geoffrin, a quem encontrei numa conversa a sós de uma hora com uma figura tediosa, se não estava exasperada. *Não*, disse ela, *porque eu o fiz falar dele; e porque, falando de si, sempre se fala com certo interesse, mesmo para os outros.* Mas o caminho é escorregadio, e é fácil levar um tombo, ou seja, ir além da medida da paciência de vossos ouvintes.

Despotismo ou espírito de dominação

Denomino *despotismo* na conversação a disposição de certos homens que nunca estão à vontade senão nas sociedades em que dominam e em que podem assumir o tom de ditador. Um homem assim não busca nem instruir a si mesmo, nem divertir-se, mas somente dar uma alta idéia de si. Pretende formar, sozinho, toda a conversação. Não lhe são precisos interlocutores, mas somente ouvintes e admiradores. Se fazeis a mais severa restrição a suas asserções dogmáticas, sua voz redobra de força, e suas decisões ficam ainda mais seguras. Como a natureza comumente reuniu, nos homens dessa espécie, uma grande força de pulmões a uma grande confiança, eles bem depressa reduzem ao silêncio todo o resto do grupo. Pode-se-lhe aplicar a frase de Tácito sobre os devastadores: *Cum solitudinem fecere, pacem appellant.* (Quem semeou a desolação cria as condições da paz.) Quando ninguém lhes responde, persuadem-se de que todo o mundo está convencido.

Conheci, porém, faladores que se apoderavam assim da conversação, mas de uma maneira diferente, e fazendo que se lhes perdoasse a usurpação. Um homem profundamente instruído sobre o assunto que é o objeto de todos os seus estudos, que possui o todo de uma grande teoria, necessita, para desenvolvê-la para os outros, do silêncio e da atenção deles. Então pedirá a palavra, exporá seus princípios e lhes deduzirá as conseqüências; e, se puder obter que o deixem explicá-lo, e se seu sistema for verdadeiro ou somente verossímil, se for engenhosamente concebido e claramente exposto, não se sentirá a perda de uma conversação, mesmo geral, cujo lugar será tomado por seu discurso. Ouvi falar assim horas inteiras, com um grande encanto para todos os assistentes, Buffon, Diderot, o Padre Galiani; os homens com esse talento são raros. Não sei se a forma nova de nosso governo nos formará outros iguais, ao menos no tocante à política. Mas, enquanto isso, confessarei que essa maneira de apoderar-se da conversação se converte em proveito da sociedade, e que não é esta que eu quisera proscrever.

Não estou longe de aproximar do despotismo, na conversação, uma maneira de ser que parece, à primeira vista, diferir muito dele; quero falar de certa falsa modéstia mais opressiva e mais insultante, na minha opinião, do que o tom decisivo.

Eis aproximadamente a linguagem dessa gente: "O que eles têm a honra de dizer-vos parece-lhes demonstrado, mas é somente a opinião deles, que não pode servir de lei para ninguém. Se não temos o mesmo parecer, é, sem dúvida, porque eles tiveram a infelicidade de não se explicar bem e porque não se fizeram entender; eles rogam que lhes permitamos repetir o que já disseram, persuadidos de que aceitaremos a evidência de suas razões. Não tomariam a liberdade de ter um parecer diferente do vosso sobre outras matérias; mas, quanto àquela de que tratamos, fizeram um estudo especial que os autoriza a expressar sua opinião etc. etc." As mais humildes fórmulas de polidez estão em sua boca a cada objeção que vos opõem. *Permiti-me, fazei-me o favor, dai-me a honra de ouvir-me, não estou explicando-me bem etc.* E, através dessa pretensa modéstia, transparece a vaidade e o despotismo. Como esse tom é forçado e pouco natural, é impossível que, num debate um tanto longo, ele se sustente até o fim, e nosso homem, falsamente modesto, deixa escapar traços que o traem. Mas mesmo aqueles que mantêm melhor as aparências nada ganham com essa dissimulação e não enganam quase ninguém: perdoa-se menos essa modéstia hipócrita do que as expressões demasiado duras das pessoas vivas e decididas.

Pedantismo

Não posso fazer melhor aqui do que fazer o Doutor Swift falar.

"Entendo", diz ele, "por pedantismo o uso demasiado freqüente e descabido de nossos conhecimentos na conversação comum e a fraqueza que faz com que se dê a tais conhecimentos uma importância exagerada. Segundo essa definição, as pessoas da Corte, os militares, os homens de todas as condições podem cair no pedantismo da mesma forma que um filósofo ou um teólogo. Mesmo as mulheres incorrerão nesse ridículo, se nos falarem mui longamente de seus vestidos, de seus adereços e de sua economia doméstica etc. É isso que me faz pensar que, embora seja em geral um procedimento honesto e sensato pôr as pessoas com quem se conversa no assunto em que são mais versadas, um homem sensato em geral desviará as ocasiões de falar assim daquilo que sabe melhor, para não merecer a censura de pedantismo da parte daqueles que não o sabem tão bem quanto ele."

Mas há que convir que o pedantismo comumente consiste mais ainda no tom do que na coisa. É pedante aquele que, aprumando-se nos pés e elevando uma voz magistral e dura, dita suas opiniões e pronuncia suas decisões com o tom com que o mestre-escola fala aos alunos. Foi mesmo dessa maneira dos professores primários das crianças que foi feita a palavra *pedantismo*. Esse é um dos defeitos aos quais os homens de letras estão mais freqüentemente sujeitos, e pelo qual vários deles, com mérito e talentos, chegam a desagradar na sociedade.

De todos os defeitos da conversação, este não é o mais comum. As pessoas de sociedade lhe puseram ordem. Como, a seus olhos, o saber mais real é algumas vezes ridículo, ou pelo menos descabido na conversação, o pedantismo ou a afetação do saber o é muito mais ainda. Nossa nação tem, sobretudo nesse gênero, uma delicadeza tão grande que, em grande número das sociedades, tudo o que se pode fazer de melhor é ocultar que se é instruído.

É um gênero de pedantismo o *purismo*, pelo qual entendo uma excessiva severidade ou uma afetação na escolha das palavras e dos torneios de frase. Basta dizer que é uma afetação para que se compreenda que é um defeito de que o bom senso deve afastar-nos. Mas considerarei aqui o purismo por um outro prisma, quero dizer, relativamente aos inconvenientes que traz à conversação. Os puristas, com essa escolha das palavras e das expressões, pretendem expressar melhor seu pensamento, mas normalmente não alcançam seu objetivo, e acontece-lhes amiúde expressá-lo errada ou fracamente; sua mente atenta à escolha das palavras toma muito menos tento à idéia que se trata de exprimir; perdem a vantagem dessa primeira visão, mais rápida que o raio, desse primeiro olhar que nos apresenta a idéia, e, ao mesmo tempo, a expressão mais natural de que deve ser revestida. Em geral rejeitam a palavra própria e comum que se oferecia para utilizar a palavra afetada e menos familiar, porém fraca ou descabida. Com isso sua conversação se torna insossa e fria, e insuportável a espíritos que têm algum calor e alguma força.

"Gosto", diz Montaigne, "entre os homens de bem, que se exprimam corajosamente, que as palavras vão para onde vai o pensamento. Temos de fortificar o ouvido e endurecê-lo contra essa brandura do som cerimonioso das palavras." (Livro III, cap. 8)

Essa é, em geral, a origem do tédio produzido na conversação por pessoas que, por sinal, têm certo mérito e certas luzes. Tal defeito é difícil de perceber quando não é levado ao extremo; mas é um vício oculto ao qual se deve atribuir a insipidez da conversação de muitos homens eruditos, de quem se pode dizer de acordo com Despréaux:

> Dieu préserve mon ouïe
> D'un homme d'esprit qui m'ennuie;
> J'aimerais cent fois mieux un sot.[1]

Essa falta é com bastante freqüência a cometida pelas mulheres, que, sendo aliás inteligentes e falando com pureza e correção, acreditam erradamente que pormenores indiferentes deixam de sê-lo quando são enunciados

----
1. Deus preserve meu ouvido/ De um homem inteligente que me entedia/ Preferiria cem vez mais um tolo. (N. do T.)

em termos exatos; mas as formas não podem disfarçar por muito tempo a pobreza do fundamento.

Falta de continuidade na conversação

É triste ser obrigado a concordar com isso, mas é verdade que a desconexão, a falta de ligação entre as idéias etc., é o vício quase geral das conversações de nossos dias entre as pessoas de sociedade.

Quando se trata seguidamente do mesmo assunto, como questões políticas, nos tempos de facção e de grandes movimentos públicos, a falta de ligação das idéias e das partes da conversação ainda ocorre. A desconexão está então nas provas e nos raciocínios. Passa-se de um artigo para outro dentro do mesmo assunto, e de um argumento para outro, antes de ter discutido a solidez do primeiro, e sempre sem ter definido bem os termos.

A conversação vive da ligação das idéias. É porque tudo tem uma maior ou menor interdependência na natureza e nos pensamentos do homem que o espírito tem um progresso, que caminha de uma idéia para a outra, e de duas idéias para uma proposição elaborada, e de duas proposições para uma terceira, que é a conseqüência das duas primeiras, e depois de conseqüências para conseqüências. Ora, esse encaminhamento é o único que pode proporcionar uma boa conversação.

Apenas por uma comparação poética, e que não se deve entender ao pé da letra, é que se pode assimilar um escritor ou mesmo um poeta e um homem erudito de sociedade a uma borboleta; pois nada é mais louco e mesmo mais tolo do que um homem-borboleta; mas ele não é mais conveniente na conversação do que nos livros.

Sou uma coisa ligeira, e vôo a todos os objetos, diz La Fontaine de si mesmo; mas essa coisa ligeira tem um caminhar sempre sensato, embora livre, e sempre seguro, embora cheio de graças. A ligação das idéias o conduz, e é uma ligação real e forte, não de palavras, mas de coisas.

Distinguindo a ligação das palavras e a das coisas, toquei num dos maiores vícios da conversação. É agarrando assim a palavra e esquecendo o fim, o objeto geral da conversação, que lhe quebram mais facilmente o fio, como bem o sabem os agradáveis de quem falarei logo adiante.

Na verdade, uma leve relação e uma ligação pouco acentuada entre as idéias bastam para deixar a conversação racional sem ser pesada, e leve sem ser louca. É em evitar essas duas extremidades que consiste o grande mérito da conversação. Uma analogia bastante fraca autoriza, na conversação, a passar de um assunto para o outro; uma história divertida traz, sem que se fique chocado com isso, uma outra história que se parece, por alguma circunstância, com aquela que se acabou de ouvir. As matérias aparentemente mais disparatadas se sucedem se têm um vínculo em algum lugar. Mas, se se pretende dispensar essa analogia, por mais fraca que seja, faz-se a conversação perder todo o seu atrativo, a mente se aflige com tal desordem, obrigada que é, nessas passagens bruscas demais, a fazer um esforço que a cansa.

Se se quiser um exemplo da espécie de ordem pouco acentuada que é necessária, e que ao mesmo tempo basta na conversação, citarei os *Ensaios* de Montaigne. Censuraram-no de só ir *a trouxe-mouxe*, como ele o diz de si próprio; mas, entre as partes de seus discursos que parecem as mais desconexas, o mais das vezes há uma ligação com que a mente se contenta, e a mesma que basta e é necessária à conversação. Não se pode, por certo, gabar-se de ter uma conversação tão picante e tão variada quanto os *Ensaios* de Montaigne; mas esse é um modelo que sempre se pode propor a si mesmo, embora não se possa atingi-lo.

Não tenho necessidade de advertir que não se deve levar até o pedantismo o cuidado de introduzir certa continuidade na conversação, e de deixar-se conduzir pela ligação e pelas relações das idéias anteriores com aquelas que lhe são acrescentadas.

Uma conversa em que se tratasse de uma questão de filosofia com um método rigoroso, e sem jamais se afastar do assunto dado, seria uma conferência e não uma conversação. De outro lado, uma conversação de tal modo desconexa, que nela jamais se permanecesse dois instantes seguidos na mesma matéria, e em que não houvesse nenhuma relação, nenhuma ligação entre uma idéia e aquela que a precede, seria um discurso insano. Há, pois, um meio entre essas duas extremidades, e a conversação não deve ser nem rigorosamente metódica, nem absolutamente desconexa. No primeiro caso, ela se torna pesada e pedantesca; no segundo, é frívola e ridícula.

O espírito de pilhéria

Entendo por isso o hábito de procurar ser divertido na conversação, e a espécie de esforço que se faz para tanto.

Essa disposição do espírito assume muitas formas diversas, algumas irritantes, outras suportáveis, mas todas, na minha opinião, acompanhadas de alguns inconvenientes bastante grandes que nem sempre são evitados, e que no entanto cumpre evitar, sob pena de estragar mais ou menos a conversação.

A primeira, e a pior espécie de espírito pilheriador, é aquela dessas pessoas que vivem procurando, em tudo quanto se diz, o lado que se pode prestar ao ridículo, e que se encontra sem dificuldades nas coisas mais sérias. Desvirtuam assim, com uma palavra, o que se disse de mais engenhoso e, algumas vezes, de mais profundo. Os contrastes são a mina onde mais garimpam, e sabe-se quão fácil é esse gênero.

É essa sobretudo a maneira de algumas pessoas de sociedade e da alta-roda, a quem amiúde atribuem mais espírito do que têm, consoante a arte que têm de frustrar o espírito dos outros. Como não gostam que o espírito dê à pessoa esse tipo de consideração que a opinião dos homens por vezes põe acima daquela que se prende à condição social ou à riqueza, quebram continuamente o fio da conversação com a pilhéria, quando se apercebem de que ela prende os ouvintes ao homem que os diverte e os instrui.

Para isso, ficam à espreita de uma palavra que possa prestar-se à pilhéria e, por conseguinte, desorientam a conversação.

Com essas pessoas, o espírito sensato que tinha um objetivo vê-se desviar continuamente dele; e, forçado a caminhar, não tem um termo aonde possa gabar-se de chegar. Não conheço nada mais cansativo e mais tedioso, conquanto muita gente pretenda que esta é uma agradável leveza.

Esse é o caráter mais acentuado de um espírito tacanho, a menos que seja o efeito de uma espécie de política que conheci em alguns homens de sociedade e mesmo em alguns literatos; uns, para não deixar que tratem dos assuntos cuja discussão contraria seus interesses ou seus preconceitos; os outros, para não deixar que a sociedade veja-lhes a ignorância sobre a matéria.

O espírito pilheriador também consiste algumas vezes em prodigalizar na conversação os jogos de palavras a que chamam *chistes e trocadilhos*, que são o flagelo de qualquer boa conversação. Esse uso infeliz do espírito rompe-lhe o fio em todos os momentos. As palavras deixam de ser, para o fazedor de trocadilhos, a pintura das idéias que elas devem despertar, e, sendo então entendidas apenas como sons e sílabas, já não há ligação entre as idéias para aqueles que delas se servem; assim eles parecem, nisso, com um homem que, ao ler, vê os caracteres, as letras de que a palavra é composta, e não a coisa que a palavra significa; daí, ocorre comumente que, depois de cada trocadilho, cumpre recomeçar uma outra conversação que se relaciona dificilmente, e quase nunca, com a precedente: por isso esse meio é empregado comumente, e com mais sucesso, pelas pessoas que querem refugar a discussão cujo objeto lhes desagrada. Essas pessoas imitam as crianças que embaralham as cartas no meio da partida, porque seu jogo não está bom; são um verdadeiro flagelo das conversações. Enfim, o próprio fazedor de chistes está perdido para a sociedade e para a conversação, ocupado que está unicamente em espreitar de passagem outro dito do qual possa também escarnecer; ao passo que poderia, com mais proveito e prazer para si mesmo e para os outros, dirigir sua atenção às idéias, às coisas, e contribuir, de sua parte, para manter e animar a conversação.

Enfim, talvez eu esteja sendo severo demais, mas de modo geral não posso impedir-me de olhar os chistes, os trocadilhos, como uma peste da conversação, e como um crime de lesa-sociedade naqueles que o levam até aonde o vi chegar umas vezes; e não posso perdoar semelhante uso do espírito senão àqueles que lhe introduzem uma extrema sobriedade, um perfeito senso de oportunidade e certa fineza, condição que nenhum fazedor contumaz de chistes pode preencher.

Não posso me esquecer de falar também dos pilheriadores de profissão, que o doutor Swift trata bem mal, para que me contente de reproduzir aqui o que ele diz.

"Casas há", diz ele, "onde não podem dispensar algum pilheriador dessa espécie, para divertir a sociedade todas as vezes que se reúne certo número de pessoas. Cumpre mesmo suportar esse uso, por mais ridículo que seja; e o tolero como qualquer outro. Comporto-me então na reunião social como se estivesse numa farsa. Nada tenho que fazer senão rir nas boas tiradas, quando ocorrem, enquanto meu ator desempenha seu papel. Ele se encarregou de fazer-me rir, e, sem dúvida, tem-se como pago quando se ri. Fico porém aborrecido de que em sociedades seletas e pouco numerosas, em que se encontram pessoas que têm espírito e instrução, um saltimbanco desses seja admitido para fazer seus truques que extinguem toda espécie de conversação, sem contar o embaraço que experimento vendo por vezes homens que têm espírito fazerem tão mau uso dele."

Dir-me-ão, talvez, que a espécie de proscrição que exerço contra o homem pilheriador tende a banir toda a alegria da conversação, e que uma conversação, assim depurada, será a mais insípida do mundo, que só será boa para pedantes, injúria que me aplicarão em toda a força dessa palavra. Vejamos se poderei conjurar essa tormenta.

Não, por certo, não quero banir a alegria da conversação, mas quero a espécie de alegria que é a única que lhe convém.

Há uma alegria doce e uma alegria ruidosa; esta se manifesta pela gargalhada, pelo tom de voz elevado, pelo gesto pantomímico; a outra é mais para dentro, exprime-se por movimentos mais moderados, atém-se a sorrir. Via de regra é bem verdadeiro que a alegria doce se sustenta por mais tempo do que aquela que é viva demais; aquela se comunica mais facilmente, e cada qual contribui para aumentá-la. A alegria viva demais, pelo contrário, não passa facilmente daquele que está repleto dela para a alma dos outros. Se ela consegue causar-lhe impressão, amiúde não há reação, os assistentes não contribuem para aumentá-la, e, mais comumente ainda, os caracteres frios que se encontram na sociedade se armam contra ela; assim, aquele que traz esse tipo de alegria à conversação fala sozinho por todos, atendo-se os outros a entregar-se a ela maquinalmente, isso se não lhe resistem.

Não sei se meus leitores observaram, como eu, a seriedade gelada na qual se cai logo em seguida depois de ter rido às gargalhadas de um mau jogo de palavras. Peço que se observem os rostos que depõem contra o gênero. Creio poder dar várias razões desse fato. O prazer que as piadas nos causam dura apenas um momento; é um fogo de artifício que deixa atrás de si, por assim dizer, uma escuridão mais profunda; enquanto o homem alegre prodigaliza as piadas, os assistentes quase não pensam, e ficam apenas passivos. Assim, lançando os olhos sobre o tempo que acabam de passar, observam nele um vazio, existiram menos durante esse intervalo, e permanecem descontentes com sua inação, ou, pelo menos, ficam privados da satisfação que se sente depois de ter exercitado o espírito.

A alegria muito viva, mesmo separada do ruído que a acompanha normalmente, espanta e atordoa na conversação. As idéias apresentadas assim excitam a atenção; mas é uma atenção de certo modo estúpida. Como essa alegria nasce de uma maneira particular de ver os objetos, comumente há só um pequeno número de pessoas na sociedade cuja progressão do espírito seja análoga àquela. Todos os outros são obrigados a fazer um esforço para apreender o objeto de um mesmo ponto de vista; assim, não se pode esperar deles piadas da mesma natureza. A conversação, portanto, só será sustentada pelo próprio homem alegre, ou melhor, não haverá conversação, já que apenas ele falará. A alegria excessiva mata a conversação, enquanto a alegria doce a alimenta e a sustenta.

Parece-me que aqueles que visam mais a introduzir alegria na conversação a comunicam raramente a seus ouvintes, por não observarem ou não prepararem o momento em que se estaria disposto a compartilhá-la; a alegria deles nos convida antes que as cordas de nossa alma estejam montadas para produzirem os sons que se lhe pedem; sempre resistimos um pouco a essa espécie de domínio que os outros querem assumir sobre nós.

A alegria doce não tem esses inconvenientes; encontramo-nos mais comumente dispostos a recebê-la. Como ela é menos distante do estado habitual da maioria dos espíritos, ela se insinua sem sentir resistência, estende-se, cada qual participa dela e contribui para aumentá-la.

Denominarei ainda espírito pilheriador aquele dos contadores de histórias, e compreende-se bem que não pretendo tratá-los tão severamente quanto os outros. Certamente, as histórias são um dos grandes encantos da conversação; mas é desse gênero, sobretudo, que se pode dizer que ele tem grandes dificuldades e inconvenientes reais que é preciso evitar sob pena de estragar a conversação. O talento de narrar agradavelmente não é raro. Há várias maneiras de narrar agradavelmente. Algumas pessoas contam em poucas palavras e com um estilo conciso; apreendem as circunstâncias principais, expressam-se com precisão e omitem os detalhes. Outras têm a arte de narrar longamente sem entediar, embelezando as circunstâncias mais superficiais, pintando-as com verdade. Alguns narradores falam friamente, e essa frieza realça ainda mais o que a história tem de picante, como um fundo escuro faz brilhar um bordado. Outros narram com mais alegria, e rimos das coisas engraçadas que contam, embora eles mesmos riam primeiro. Uns são pantomímicos, e imitam a voz e o gesto das personagens que fazem falar, são comediantes; outros são apenas historiadores. Todas essas maneiras de narrar têm seus atrativos, cada qual deve se apegar àquela que é a mais análoga à progressão de seu espírito e à natureza de seu caráter, à sua própria figura e à compleição de seu corpo. Por exemplo, uma mulher bonita quase não pode representar narrando, porque os grandes movimentos, as caretas, as alterações da voz e da fisionomia, cansariam os espectadores ao contrastar mui fortemente com suas graças e os atrativos de sua figura. Felizmente as mulheres, que sabem muito bem o que as estraga e o que as embeleza, incorrem raramente nesse defeito. Assim também, as pessoas que têm pouca expressão fisionômica ou um ar desajeitado, aquelas que declamam mal, cujo caráter é frio, devem proibir-se de narrar comicamente; o tom frio e uniforme lhes cairá bem. Não podem sustentar o outro até o fim.

Mas, mesmo com o talento de narrar bem, pode-se ainda desvirtuar a conversação e fazê-la perder uma parte de seu atrativo e de sua utilidade, seja narrando em momento inoportuno, seja narrando demais, o que quase só pode acontecer quando se narra também inoportunamente.

Não é somente o momento oportuno que causa o principal atrativo das histórias, mas a melhor história em si fica insípida e tediosa, se é narrada em momento inoportuno. É isso que torna insípida a leitura das anedotas: nela as melhores tiradas perdem quase todo o sal, porque aí estão sem a menor oportunidade; sem contar que uma profusão de histórias que se sucedem assim são de uma monotonia insuportável.

O grande inconveniente das histórias é cortar a conversação, e fazer perder o assunto de vista, ou dirigir de uma maneira brusca demais a um assunto diferente. Não se deve, por certo, ao exigir esse momento oportuno, ir até uma severidade pedantesca; cumpre ser indulgente com a ligação, e uma relação fraca e leve com o assunto de que se trata, ou com a história que se acaba de contar, autoriza uma nova. No entanto, se se abusa dessa indulgência, a conversação logo se torna insípida, e muitas vezes uma história que teria sido divertida, se tivesse sido bem situada, entedia os ouvintes quando não se prende a nada; e, se contamos duas ou três em seguida, a conversação corre grande perigo de cair totalmente.

A zombaria é ainda um tipo de pilhéria que podemos olhar como um dos maiores flagelos da conversação e, em conseqüência, da sociedade.

A boa pilhéria, a que não ofende, mas que é pespegada, oportuna e naturalmente, e que não passa, aliás, de um rasgo fugidio, proporciona um tempero bem agradável à conversação; mas ela é rara, e foi seu lugar que foi tomado pela zombaria, precisamente, diz Swift, como quando uma roupa muito cara fica na moda, aqueles a quem seus meios não permitem proporcioná-la a si mesmos contentam-se com algo aproximado, que imita passavelmente a moda.

A zombaria consiste em tornar um homem ridículo aos olhos da sociedade, sem que ele perceba, tirando esse ridículo de seus discursos e de suas opiniões, ou dos defeitos de seu espírito e de suas maneiras.

Vi esse espírito na moda em Paris, muito mais do que o está hoje, e conheci heróis nesse gênero. Era um espetáculo curioso, embora por vezes aflitivo, um homem, experiente nessa espécie de esgrima, atacando um adversário fraco, derrubando-o no chão com facilidade, e pondo, como se diz, todos os trocistas de seu lado.

Swift, que captou muito bem o caráter desse gênero de pilhéria, e a quem acabo de emprestar alguns dos traços com que a pintou, faz a esse respeito uma observação repleta de delicadeza.

"Os franceses", diz ele, "e nossos antepassados num século mais polido, tiveram da pilhéria uma idéia bem diferente. Segundo eles, ela deveria apresentar, à primeira vista, uma espécie de censura ou de sátira; mas, mediante uma certa progressão inesperada, ela terminava sempre em alguma coisa agradável para a pessoa a quem era feita; ou, se esse corretivo não se prendia à própria pilhéria, acrescentavam-no posteriormente."

"Essa prática", acrescenta ele, "era seguramente mais conforme às leis da conversação, das quais uma das mais importantes é não dizer nada que alguém da sociedade possa afligir-se por terem dito. Lei bem razoável, por certo, uma vez que não há nada mais contrário ao objetivo das pessoas que se reúnem do que fazer que saiam mal satisfeitos uns com os outros ao se separarem."

O espírito disputador

Não acharão estranho que eu inclua a disputa no número dos vícios da conversação, se considerarem que a conversação só pode conciliar-se com o debate, e jamais com a disputa.

Denomino *debate* a alegação das razões e argumentos que apóiam duas opiniões opostas, enquanto ele se atém a combater a opinião em si mesma, abstraindo inteiramente a pessoa, e vejo-o degenerar em disputa no instante em que nele se introduz alguma alusão ofensiva.

Concebe-se que por alusões ofensivas não entendo injúrias formais que a boa convivência proíbe; mas notei duas espécies de alusões ofensivas que se insinuam no debate e o fazem degenerar em disputa.

É uma alusão muito comum e muito ofensiva dizer a vosso antagonista que ele tem motivos particulares de interesse, ou a favor de si mesmo, a favor de seus amigos ou contra seus inimigos. Tal recriminação não é uma prova. Deveis supor que um homem que sustenta uma opinião oposta à vossa a sustenta porque a crê verdadeira, e não por alguma outra razão. Digo supor, pois pode-se mesmo crer e pensar que, de fato, a opinião de um homem lhe é ditada por prevenções de classe profissional ou pelo interesse etc. Mas o debate consiste sempre numa suposição contrária, já que não valeria a pena debater se estivesse estabelecido que cada qual forma opiniões e as sustenta, não de acordo com a verdade, mas de acordo com suas paixões e seus preconceitos, e que essas paixões e esses preconceitos são sua regra única. E, na disputa, trata-se apenas de saber se a opinião é verdadeira ou falsa em si própria.

Essa recriminação é ainda mais descabida em todo debate porque sempre pode ser feita com a maior facilidade. Se vós me tachais de sustentar tal opinião por dedicação a um homem de quem gosto, e ao qual ela é favorável, ou por prevenção de classe profissional, posso responder-vos que combateis minha opinião com prevenções do mesmo gênero; se, atacando a classe militar na frente de um militar, defendendo este sua profissão das recriminações que lhe são feitas, disserem-lhe que ele só fala assim porque é militar, ele poderá responder-vos que só censurais as armas porque sois ou burguês, ou eclesiástico, ou magistrado, e de acordo com os preconceitos de vosso nascimento ou de vossa classe profissional. Vê-se que uma disputa que assume essa forma é interminável.

É também uma alusão ofensiva dizer àquele com quem estais debatendo que ele não conhece a matéria de que fala, que não tem condições de decidir numa questão assim etc.; que não é esse seu ofício etc. Pois todas essas observações, bem ou mal fundamentadas, não são razões; e trata-se sempre de alegar, de ouvir e de discutir razões. Não sou militar, e posso falar muito bem de uma operação militar. Não sou magistrado, jurisconsulto por profissão, e posso ter idéias justas, profundas, novas sobre a jurisprudência e a legislação. Escutai-me, e não julgai com base em minha profissão e minha toga, mas com base no que digo.

A conversação particular em substituição à conversação geral

Toco aqui num dos maiores vícios dentre aqueles que estragam a conversação e que a fazem perder quase todo o seu encanto e seu valor; o hábito de estabelecer diversas conversações particulares no meio da reunião social, em que se poderia ter uma conversação geral mais instrutiva e mais agradável para a sociedade inteira.

A conversação é geral quando é entre todas as pessoas que formam a roda ou a sociedade, e quando cada qual lhe traz sua contribuição, seja como ator, seja como ouvinte.

Sou levado a crer que os antigos praticaram, e conheceram melhor do que nós, esse gênero de conversação.

Essa é a idéia dada pela forma de diálogo que seus escritores adotaram com tanta freqüência. Sócrates, Platão, Ésquines, Cícero, Plutarco, Luciano representam-nos a conversação de seu tempo entre as personagens que põem em cena, que amiúde são bastante numerosas, como realmente geral, cada qual participando dela e contribuindo para ela.

Quando me levanto contra a conversação particular em substituição à conversação geral, é supondo uma reunião social limitada a certo número de pessoas, como dez ou doze, e em que dominem em número pessoas instruídas e espirituosas; pois, se o grupo é muito mais numeroso e menos bem composto, não se poderia reprovar aquele que encontra o meio de furtar-se ao tédio, achegando-se a um homem cuja língua ele entende e que possa entender a sua. Mas, na suposição que baseia meu raciocínio, digo que a sociedade inteira sempre perde muito ao deixar estabelecer-se tais *à parte*.

A conversação geral tem a vantagem de que, despertando e sustentando a atenção de todos os assistentes, ela tira de cada um deles uma contribuição para o dispêndio e para os prazeres em comum. Ela ajuda, facilita e torna mais fecundo o trabalho daquele que inicia a conversa. Freqüentemente aquele que está falando tem apenas uma idéia incompleta cujo desenvolvimento ele não seguiu, um princípio de que não tirou todas as conseqüências. Se a enuncia na reunião social, algum dos assistentes ficará impressionado com ela. Perceberá sua ligação com alguma de suas idéias; ele as aproximará. Essa aproximação incentiva por sua vez o primeiro inventor, que vê que há o que acrescentar aos seus primeiros pontos de vista; e como cada qual contribui para aumentar esses primeiros fundos, logo eles se enriquecerão com a contribuição em comum. O que um outro disse é como que uma frase começada, à qual se acrescenta facilmente o final que ela deve ter, quando não se teria atinado sozinho nem com o começo, nem com o final.

A conversação é um gênero de empreendimento no qual o capital de um único particular é em geral muito pequeno para explorar utilmente os fundos. Na conversação geral, o capital fica mais considerável em razão do maior número de acionistas.

Deixando de lado a metáfora, vê-se que a conversação geral deve naturalmente difundir mais luzes sobre as questões nela ventiladas. Numa reunião social de dez ou doze pessoas, em quem supomos um certo grau de instrução, é difícil que não se encontrem várias que terão conhecimentos, algumas idéias específicas sobre o assunto de que se trata, e, por conseguinte, têm-se mais recursos para chegar à verdade. Mas essa possibilidade é muito menos favorável em cada uma das conversações particulares resultantes da divisão da sociedade em vários grupelhos.

A conversação particular é comumente acompanhada por uma injustiça que não é suficientemente notada, e que consiste, da parte daquele que a provoca, em retirar da sociedade um ou vários de seus atores que lhe fomentariam o entretenimento. Um homem assim, furtando-se pessoalmente à sociedade, bem pode dizer, quanto a ele, que nisso se atém a usar de sua liberdade natural; mas não pode alegar essa desculpa quando atrai à parte uma pessoa amável, engenhosa e alegre que contribuiria para o prazer de todos, e que a sociedade tem o direito de reclamar. Esta observação não parecerá fútil, se considerarmos que comumente é do homem mais divertido, mais interessante de uma roda que cada qual fica tentado a apoderar-se, e que não se dirigem a um enfadonho para ter com ele um *a parte*.

A conversação geral também tem, via de regra, o encanto de uma maior variedade, porque cada um traz à massa suas idéias particulares, sua maneira de ver um mesmo objeto, algumas vezes diferente daquela de todos os outros.

Na conversação geral, quem está falando tem uma espécie de auditório que o anima e o apóia, e que, ao mesmo tempo, faz com que preste mais atenção no que está dizendo; contém-no num tipo de exatidão; impede-o de divagar e de exagerar; obriga-o a pôr uma certa correção em seu estilo e uma certa ordem em suas idéias. Assim, uma conversação dessa espécie é a primeira e a melhor escola dos homens que estão dispostos a falar em público.

Ouvi com freqüência, na alta sociedade, chamar de liberdade esse direito de separar-se em vários grupos alheios uns aos outros na mesma sala. Tal direito é incontestável; tal liberdade deve ser sagrada. Muito bem; mas, tão logo a usufruímos, há que convir que já não há conversação.

Conclusão

Indicando os vícios principais da conversação, não creio dever dizer nada nem desses observadores malevolentes cujo silêncio é uma espionagem; sempre prontos a abusar covardemente da vantagem que as almas falsas e frias têm sobre a franqueza e a veracidade;

Nem desses ouvintes desdenhosos que, para não conceder levianamente sua admiração, recusam até a mais merecida aprovação;

Nem desses homens vãos que não se permitem contradizer, porque não toleram ser contraditos, e cuja paciência não é mais que um orgulho tímido;

Nem desses espíritos tacanhos cuja prudência só é ditada pelo sentimento da nulidade deles, e que, não tendo opinião alguma, se calam para aparentar esconder uma;

Nem, enfim, desses falsos sábios cujo caráter é uma total indiferença a qualquer bem e a qualquer verdade, e que depreciam, sob o nome de má cabeça, qualquer idéia forte e qualquer sentimento profundo.

Acabarei transcrevendo as reflexões que terminam o curto ensaio de Swift, do qual tirei, acima, algumas características, e que não me parecerão totalmente alheias às circunstâncias em que nos encontramos.

"Vê-se", diz o escritor inglês, "por esse pequeno número de observações, quão poucas vantagens retiramos da conversação, que poderia ser para nós um dos maiores, mais duradouros e mais inocentes prazeres da vida.

"É por termos menosprezado os prazeres da conversação que somos forçados a substituí-los pelas diversões frívolas e pequenas do jogo, das visitas, da mesa, dos adereços e mesmo da devassidão. Daí a corrupção dos dois sexos, e a perda das idéias verdadeiras do amor, da generosidade, da honra, de que zombam hoje, como de sentimentos afetados e pouco naturais.

"Essa decadência da conversação, e as conseqüências que ela acarretou para o nosso caráter, são devidas, em parte, ao costume estabelecido há algum tempo de dela excluir as mulheres... Daí uma familiaridade grosseira, que é tida como alegria e como uma liberdade inocente. Hábito perigoso em nossos climas do Norte, onde o pouco de polidez e de decência que temos se introduziu, por assim dizer, contra a inclinação natural que nos leva continuamente à barbárie, e mantém-se apenas artificialmente. Esse tom de sociedade era o dos escravos entre os romanos, como se pode ver em Plauto. Ele parece ter sido difundido entre nós por Cromwell, que se proporcionava esse divertimento em sua Corte, composta de homens da escória do povo. Ouvi contar nesse gênero anedotas curiosas, e talvez, relativamente à sua situação, e invertendo tudo, nisso sua conduta era racional. Como foi também de sua lavra um lance político, claro, de tornar ridículo o ponto de honra, numa época em que um dito equívoco ou picante era sempre seguido de um duelo.

"Olho a parte pacata do reinado de Carlos I como a época de nossa maior polidez; creio que ela é na França da mesma data, segundo o que lemos nos escritores daquele tempo, assim como segundo os relatos que ouvi, feitos por algumas pessoas que haviam vivido nas duas Cortes.

"A maneira de sustentar e de dirigir a conversação era então diferente da nossa. Várias mulheres que vemos celebradas pelos poetas daquele tempo realizavam saraus em suas casas, onde as pessoas mais espirituosas de ambos os sexos se reuniam à noite, discorrendo sobre algum assunto interessante que a ocasião fazia surgir; e, conquanto se possa lançar certo ridículo sobre as idéias sutis ou exageradas que ali se faziam do amor e da amizade, essas mesmas sutilezas tinham um fundo de razão e de utilidade para o exercício das faculdades do espírito e para o aperfeiçoamento dos sentimentos. É preciso um pouco de romanesco ao homem. É um sal que conserva e que realça a dignidade da natureza humana e a impede de degenerar até o vício e a brutalidade."

Uma parte das reflexões do autor inglês não nos é aplicável hoje. Em nosso país, a sociedade reúne os homens e as mulheres; mas, mesmo nisso talvez tenhamos ido além do objetivo, ao menos quanto aos interesses da conversação: se é difícil ter uma boa conversação com mais de dez ou doze pessoas, isso é mais difícil ainda, se nesse número há várias mulheres. Cada uma delas é naturalmente um centro ao redor do qual se reúnem alguns dos homens presentes, e logo temos três ou quatro grupelhos, em vez de um círculo.

Eu o direi com franqueza, jamais vi conversação habitualmente boa, senão quando uma dona de casa era, se não a única mulher, pelo menos uma espécie de centro da sociedade.

Disse, se não a única, porque encontrei muito boas conversações nas rodas em que se encontravam várias mulheres; mas é quando essas próprias mulheres eram instruídas, ou buscavam e amavam a instrução, disposição, há que admitir, pouco comum. Então pode-se usufruir todas as vantagens de que o escritor inglês sente saudades; e, sem se reunir como se fazia no palácio de Rambouillet, para discorrer sobre algum assunto interessante, ter, de fato, uma conversação agradável e interessante, e nela encontrar, como diz o autor inglês, um dos maiores, e certamente o mais inocente, o mais duradouro e o mais útil prazer da vida.

IMPRESSÃO E ACABAMENTO:
YANGRAF Fone/Fax:
218.1788